天津社会科学院京津冀及
城市群发展研究中心智库报告

世界级城市群视阈下的
天津发展

王立国　蔡玉胜／编

THE DEVELOPMENT
OF TIANJIN FROM
THE PERSPECTIVE OF
INTERNATIONAL CITY
GROUPS

社会科学文献出版社
SOCIAL SCIENCES ACADEMIC PRESS (CHINA)

前　言

　　天津社会科学院京津冀及城市群发展研究中心是为适应加强中国特色新型智库建设的要求而成立的综合性研究机构。该中心借助天津社会科学院的学科平台和人才团队优势，立足国内外重大理论与现实问题，聚焦京津冀区域协同，致力于服务区域经济、社会发展。该中心自成立以来，积极开展基础理论研究、应用对策研究和决策咨询研究，在推动京津冀区域协同发展、加快世界级城市群建设、深化区域开发开放等领域开展系列研究，取得大量理论与实践相结合、具有前瞻性的研究成果。为发挥本研究中心提供智力支持的基本职能，推动科研成果更好地为实践服务，从 2017 年开始，天津社会科学院京津冀及城市群发展研究中心推出年度智库报告。年度报告结合当年区域协同发展的重点、热点问题，系统地推出本中心专题研究的系列成果。期望本报告能对建设京津冀世界级城市群和推动京津冀区域协同发展贡献绵薄之力。

天津社会科学院京津冀及城市群发展研究中心

2017 年 9 月

摘　要

　　《京津冀协同发展规划纲要》指出，京津冀地区作为中国改革开放的前沿，将在 2030 年逐步建成以首都北京为核心的世界级城市群，北京、天津、河北省的功能定位更加清晰明确。天津作为我国重要的港口城市和先进制造业基地，如何在建设世界级城市群进程中，抓住自身特点，主动融入城市群发展进程中，对推动京津冀区域协同发展，尽快实现《京津冀协同发展规划纲要》的规划目标，具有重要意义。

　　全书以建设世界级城市群为研究起点，以天津的城市定位和发展为基点，集中探讨了城市发展尤其是经济发展中的诸多问题。全书从七个方面展开论述，即世界级城市群发展模式和京津冀城市群发展路径、世界级城市群视阈下的天津城市定位、京津冀城市群的绿色发展与天津方略、京津冀大数据产业的协同发展、区域协同下天津自主创新能力的构建、产业协同下的制造业定位与全国先进制造研发基地建设、面向一体化前的文化产业发展。七个方面在逻辑关系上是逐次递进的，在研究视野上是逐步细化的，在内容选取上是重点分明的。全书以京津冀发展的基本目标——世界级城市群为对象展开，这是检验京津冀协同发展成功与否的重要标志，因此，对目标的讨论不但必要，而且格外重要。

　　第一章以世界级城市群的发展模式和路径讨论起步，目的就是总结目前世界上已经公认比较成功的城市群发展规律，探讨在京津冀地区建立一个世界公认的城市群，应当必备的条件和各种可能，研究京津冀地区已有的自然禀赋和社会人文条件，探讨如何走出一条具有中国特色的、以特大城市改造为前提的新型城市群发展道路，这是全书之眼。第二章集中讨论了京津冀世界级城市群视阈下的天津城市定位问题，它是全书之难。毕竟在没有树立世界级城市群目标之前，天津的城市定位和发展前景主要立足于自身的优劣势。而现在，天津的城市定位不仅要着眼于保留自身特色，还要服务于京津冀区域整体发展目标。第三章有关绿色发展是以整个京津冀区域生态保护为视角，而非以往的以行政区划为对象，它保持了全书的特色，即从区域要求出发，最终落脚在城市本身。第四章研究的是京津冀地区的大数据产业如何协同发展问题。作为区域代表性产业，大数据产业具有前沿性和复杂性。本章特色就在于将北京、天津、河北等地产业的发展与区域产业的协同发展联系起来，探讨了京津冀地区大数据产业如何配合世界级城市群建设而发展。第五章有关自主创新能力的研究是紧密围绕天津城市定位中的"一基地三区"展开的。本章的讨论以调查为基础，具有很好的说服力和前瞻性。城市视阈下的创新，不但包括科技创新，也包括体制机制创新和组织创新，还包括文化创新等。自主创新仅仅是科技创新的一个方面。第六章的核心是讨论全国先进制造研发基地建设。天津从北方经济中心到先进制造研发基地，定位的变化隐含了目标的变化和职能的调整，个中细微差别亟待界定。第七章有关文化产业的研究，重点突出在区域需求为导向的天津文化产业发展战略选择，内容集中在区域协同目标下的文化产业发展，相信对京津冀三地今后文化产业协同发展规划制定有一定借鉴。

由于研究对象的广泛性和复杂性，本书选取的视角难免挂一漏万，京津冀区域协同的一些重大问题如基础设施的互联互通、港口的协同发展、公共服务和社会治理协同等尚未来得及展开，亟待下一步继续深入探讨。

目录
CONTENTS

第一章　世界级城市群发展模式及京津冀城市群
　　　　发展路径／1
　　第一节　世界级城市群基本特征和发展模式／2
　　第二节　京津冀世界级城市群发展沿革及定位／12
　　第三节　京津冀世界级城市群的主要功能和建设目标／17
　　第四节　京津冀世界级城市群发展路径／20

第二章　世界级城市群视阈下的天津城市定位／27
　　第一节　建设京津冀世界级城市群与天津的城市定位／27
　　第二节　天津的城市定位与国际化城市建设／38
　　第三节　天津国际化城市建设水平测评及现状分析／47
　　第四节　全力推进天津国际化城市建设／55

第三章　京津冀城市群的绿色发展与天津方略／65
　　第一节　京津冀城市群发展概况及面临的生态
　　　　　　环境形势／65

第二节　区域发展与保护：京津冀城市群面临的
　　　　突出矛盾／69

第三节　绿色发展：京津冀城市群协调发展的
　　　　必由之路／82

第四节　京津冀城市群协同绿色发展的保障机制／96

第五节　区域协同下的天津绿色发展／101

第四章　京津冀大数据产业的协同发展／111

第一节　大数据产业内涵及特点／111

第二节　京津冀大数据产业发展现状分析／117

第三节　京津冀大数据产业发展的优势比较／126

第四节　推进京津冀大数据产业协同发展／133

第五章　区域协同下天津自主创新能力的构建／138

第一节　区域自主创新能力的内涵／138

第二节　天津市自主创新能力评价／142

第六章　产业协同下的制造业定位与全国先进制造
　　　　研发基地建设／158

第一节　影响区域制造业选择的理论基础与研究前沿／159

第二节　工业 4.0 时代与全国先进制造研发基地建设／164

第三节　天津建设全国先进制造研发基地的基础条件／167

第四节　先进制造研发基地建设的目标分解与
　　　　体系设计／176

第五节　加速落实全国先进制造研发基地的保障措施／185

第七章　面向一体化的文化产业发展 / 193

　　第一节　天津市文化产业发展成绩与问题 / 193

　　第二节　区域一体化发展与天津市文化产业发展布局 / 199

　　第三节　面向一体化的天津文化产业发展战略选择 / 205

　　第四节　促进文化产业发展的对策选择 / 215

参考文献 / 223

后　记 / 231

第一章

世界级城市群发展模式及
京津冀城市群发展路径

　　城市群作为一个国家综合经济实力在空间上的集中体现形式，日益成为国家参与国际分工和竞争的能力标志，尤其是世界级城市群之间的分工、合作和竞争直接决定着全球经济乃至政治格局的变化。近年来，世界级城市群在区域经济中的功能不断扩展、地位迅速提升，对国家经济增长和世界经济发展推动作用越来越显著，以美国东北部的"波士华"城市群、英国城市群和日本东海岸城市群最为典型。仅以美国东北部的"波士华"城市群为例，该城市群集中了全美约20%的人口和24%的生产总值，是美国政治、经济和文化中心，纽约依托这一城市群超强的综合竞争实力位居国际经济中心城市之首。[①]

　　城市群是在特定的地域范围内，相当数量的不同性质、类型和等级规模的城市，依托一定的自然环境条件，以巨型城市为中心，通过借助现代化的交通和信息通达性，密切城市之间的内在联系，从而构成的一个相对完整的城市集合体，是城市化高度发展的产物。根据黄

---

① 毛艳华、李敬子、蔡敏容：《大珠三角城市群发展：特征、问题和策略》，《华南师范大学学报》（社会科学版）2014年第5期，第108~115页。

金川等人（2015）综合人口数量、占地面积等规模指标以及人口密度、城镇化率等集聚指标对中国城市群等级划分的标准，目前中国第一级城市群有京津冀、长三角和珠三角城市群，其人口均达到5000万人以上、面积超过6万平方公里、城市密度在600人以上/平方公里、城镇化率高于60%，这三个城市群常住人口和生产总值分别占全国城市群的32.44%和45.95%，接近世界级城市群的规模和集聚水平，拥有世界级城市群的基本形态，具备发展成为世界级城市群的雄厚实力和巨大潜能。

2015年4月30日，中共中央政治局召开会议，审议通过《京津冀协同发展规划纲要》，提出建设以首都北京为核心的京津冀世界级城市群，这标志着京津冀协同发展国家战略进入新的发展阶段，对于有序疏解北京非首都功能、破解北京大城市病、促进京津冀协同发展和形成新增长极，具有战略性的重要意义。[①]

第一节　世界级城市群基本特征和发展模式

目前，公认的世界级城市群主要包括美国东北部大西洋沿岸城市群、北美五大湖城市群、日本太平洋沿岸城市群、欧洲西北部城市群、英国以伦敦为核心的城市群等。18世纪后期，依托以伦敦至利物浦为轴线城市群的兴起，英国成为当时世界经济增长的中心；19世纪，以巴黎、布鲁塞尔、阿姆斯特丹、波恩等大城市为中心的不同规模城市群共同组成了"人"字形发展轴，使西欧成为世界经济新增长极；自20世纪以来，波士顿、旧金山—洛杉矶、达拉斯—休斯敦三大城市群共同托起美国经济，使之成为世界经济领头羊；同样，

---

① 薛惠娟、田学斌、高钟：《加快推进京津冀世界级城市群建设——"加快京津冀城市群建设"专家座谈会综述》，《经济与管理》2014年第4期，第10~13页。

依靠东京、大阪、京都三大城市群的复苏和兴起，日本从战争的废墟中迅速崛起。近年来，中国长三角城市群日益崛起，成为继上述五大城市群之后的第六大世界级城市群。

一　重要特征

1. 功能定位合理

城市群内具备不同竞争力优势的相邻城市之间形成合理的产业分工与协作，这种互补作用及相互支持的关系，有利于促进各城市竞争力水平的提高，从而提升城市群整体竞争力。因此，世界级城市群内部各主要城市的经济职能和产业分工都十分明显。例如，美国波士华城市群中，纽约是经济中心，费城主要是重工业中心，波士顿是教育科研、高技术产业中心，华盛顿是世界各国中少有的仅以政府行政职能为主的政治中心。在日本的东海岸城市群中，东京是日本乃至全球的商业服务中心和金融中心，是日本各大制造业企业的总部所在地，而千叶、神奈川等县都是以制造业为主的港口城市。[①]

2. 枢纽功能显著

世界级城市群在一国的经济发展中处于重要地位，如美国东北部大西洋沿岸城市群是美国经济、政治和文化中心，城市群的生产总值达到 2.4 万亿美元，占全美生产总值的 24%；以伦敦为核心的英国城市群生产总值也占到全英国的 28.8%。同样，这些城市群也是全球的发展枢纽。纽约、伦敦和东京等国际城市作为国际经济中心，对全球市场具有强大的影响力、整合力和增值力，是全球资源聚合、配置和创造的集点。比如，纽约拥有目前世界规模最大的证券交易市

---

① 毛艳华、李敬子、蔡敏容：《大珠三角城市群发展：特征、问题和策略》，《华南师范大学学报》（社会科学版）2014 年第 5 期，第 108～115 页。

场，也是全球投资银行的最重要市场，美国三大投资银行——摩根士丹利、美林证券和高盛集团的总部都设在纽约，全球最大的金融机构花旗集团总部也设在纽约。伦敦是全球规模最大的外汇交易中心、世界最大的国际保险市场。

3. 人口高度密集

比如美国东北部大西洋沿岸城市群集聚了 6500 万人，占美国总人口规模的 20%，人口密度为 464 人/平方公里；以伦敦为核心的英国城市群人口规模达到 3620 万，约占英国总人口的 50%，人口密度为 1340 人/平方公里；而日本东海岸城市群的人口规模为 4348 万，占全日本总人口的 34%，人口密度为 1178 人/平方公里，其中东京已成为世界上人口密度最大的城市之一，总人口为 1316 万，每平方公里的居民达到 6015 人，东京市中心 23 个区的人口密度则高达 13618 人/平方公里（见表 1-1）。

表 1-1　典型世界级城市群主要特征

城市群	美国大西洋沿岸城市群	英国伦敦城市群	日本东海岸城市群
区位	北起波士顿,南至华盛顿	以伦敦—利物浦为轴线的地区	沿东京湾的日本关东地区
国际城市	纽约	伦敦	东京
主要城市	波士顿、斯普林菲尔德、纽约、纽瓦克、费城、巴尔的摩、华盛顿等 30 个城市	大伦敦地区、伯明翰、谢菲尔德、利物浦、曼彻斯特等大城市及众多小城市	一都七县,即东京都和神奈川、千叶、茨城、山梨等七县
人口	约 6500 万人,占全美总人口的 20%	约 3620 万人,占英国总人口的 50%	约 4348 万人,占日本总人口的 34%
面积	13.8 万平方公里,占全美 1.4%	2.72 万平方公里,占英国 18.6%	3.69 万平方公里,占日本 9.8%
生产总值	2.4 万亿美元,占全美 24%	约 6410 亿美元,占英国 28.8%	1.28 万亿美元,占日本 30%

注：各城市群生产总值年份为：美国 2006 年，英国 2005 年，日本 2010 年。

资料来源：毛艳华、李敬子、蔡敏容：《大珠三角城市群发展：特征、问题和策略》，《华南师范大学学报》（社会科学版）2014 年第 5 期，第 108～115 页。

4. 网络体系发达

世界级城市群一般位于沿海或沿江、河流入海口地带，以国际性的港口、国际性的城市为核心，以海岸、河流、铁路、公路为发展轴线，形成一个以大、中、小城市为节点的城市、产业、运输、信息网络。例如，日本东海岸城市群位于日本东海道太平洋沿岸，形成以东京为核心的京—滨经济发展轴，并以东京都为核心构成准时、快捷、舒适、廉价的电车网（包括地铁系统、轻轨和高速铁路），将内部 23 个区、13 个市以及周边的县市联系在一起，并与日本全国铁路网一起构成现代化的运输系统。英国城市群位于英国东南部泰晤士河畔，伦敦距泰晤士河入海口 15 公里，拥有先进的城市基础设施，希思罗机场是世界上最繁忙的国际机场之一，平均每天起降班机 1250 架次，年客流量达 6400 万人次。美国"波士华"城市群位于美国东北部大西洋沿岸，巨型航空港、海港密布，国际航线众多，中心城市纽约在哈得逊河注入大西洋的河口处，拥有三个国际机场，其中约翰·肯尼迪国际机场是世界上客货流量最大的航空港之一。

二 发展模式

从地理学角度来看，城市群是指一定地域内城市分布较为密集的地区，即在一个有限的空间地域内，城市的分布达到较高的密度即可称为城市群。1957 年，法国地理学家戈特曼最早提出"城市群"概念，具体描述北起波士顿、南至华盛顿，由纽约、普罗维登斯、哈特福德、纽黑文、费城、巴尔的摩等一系列美国大城市组成的巨大城市地域集聚现象。从空间经济学角度来看，城市群也可以理解为通过空间集聚获得外部规模经济的一种城市组织形式。

按照戈特曼的标准以及空间经济学城市群发展规律，综合几大世界级城市群发展历史及轨迹，可以将上述六大城市群划分为以下几类。

1. 高复合型城市群

主要指以纽约为中心，包括波士顿、费城、巴尔的摩、华盛顿几大城市的美国大西洋沿岸城市群；以巴黎为中心，包括阿姆斯特丹、鹿特丹、海牙、安特卫普、布鲁塞尔、科隆等大城市的欧洲西北部城市群。该类型的城市群依托首都核心功能的辐射带动和周边地区错位发展的不同优势，形成城市功能完备、空间结构合理、城市特色突出的复合型城市群。

2. 高集聚型城市群

主要指以芝加哥为中心，包括芝加哥、底特律、克利夫兰、匹兹堡和加拿大的多伦多、蒙特利尔等大城市的北美五大湖城市群；以伦敦为中心，以伦敦—利物浦为轴线，包括大伦敦、伯明翰、谢菲尔德、利物浦、曼彻斯特等大城市的英国伦敦城市群。该类型的城市群产业高度集聚，规模效应明显，城市枢纽功能强大，区域分工协作高度互补。

3. 高密度型城市群

主要指以东京为中心，包括千叶、横滨、静冈、名古屋以及京都、大阪、神户等城市的日本太平洋沿岸城市群；以上海为中心，包括南京、苏州、无锡、常州、徐州、杭州、宁波、嘉兴等 16 个大城市的中国长三角城市群。该类型的城市群人口和城市密度较高，城市群功能较为集中，城市间路网轨道交错纵横、细织密布，城市节点连接较为紧凑。

2012 年，这六大世界城市群平均人口数量超过 6000 万，平均占地面积超过 10 万平方公里，平均人口密度接近 600 人/平方公里。其中除英国伦敦城市群外，其他城市群人口数量都接近或超过 5000 万，占地面积均不小于 10.00 万平方公里；除美国大西洋沿岸城市群、北美五大湖城市群和欧洲西北部城市群外，其他城市群人口密度均不小于700人/平方公里，皆是总体规模较大、人口密度较高、发展水平较高的成熟城市群（见表1-2）。

表1-2　2012年世界级城市群基本信息

序号	城市群名称	人口数量（万人）	占地面积（万平方公里）	人口密度（人/平方公里）
1	美国大西洋沿岸城市群	6500	13.80	471
2	北美五大湖城市群	5000	24.5	204
3	日本太平洋沿岸城市群	7000	10.00	700
4	英国伦敦城市群	3650	4.50	811
5	欧洲西北部城市群	4600	14.5	317
6	中国长三角城市群	10166	10.10	1012

资料来源：黄金川、陈守强：《中国城市群等级类型综合划分》，《地理科学进展》2015年第3期，第290~301页。

三　建设经验

1. 明确功能定位，强化分工协作

根据城市群内部各城市的资源禀赋、竞争优势、综合实力、产业特征以及在国内外市场的竞合地位，合理确定功能定位，各大城市通过区位比较优势和市场机制等因素的综合作用，逐渐形成了城市间分工协作的产业格局并逐渐强化，是世界级城市群迅速发展的重要经验之一。

以美国大西洋沿岸城市群为例，作为全美政治中心，华盛顿赢得了政治产品提供者的地位，专注于政治产品以及相关产业，主要提供政治产品和政治庇护。纽约在美国定都华盛顿、修建伊利运河、率先创新金融制度等多种因素作用下，随着国民银行法体系的建立，1863年纽约成为名至实归的全国金融中心。被誉为"美国雅典"的波士

顿凭借高等学府众多、每年有超过 25 万名大学生在学等优势和历史人文条件,大力发展"大学产业",成为人才培养基地。费城和巴尔的摩则侧重发展重工业。五大核心城市各具特色优势、差异化发展、相互支撑、功能定位清晰、区域分工格局合理、产业链配置高效,成为美国大西洋沿岸城市群发展壮大的基础和保障(见表 1 - 3)。

表 1 - 3 美国大西洋沿岸城市群定位状况

主要城市	主要产业	核心职能	影响力
华盛顿	信息、金融、商务服务、健康和教育服务、休闲旅游、生物科技、国际商务	全美政治中心	
纽约	金融、商贸、生产服务业	全美金融中心、商贸中心	"银行之都"
波士顿	高科技产业、金融、商业、教育、医疗服务、建筑、运输服务	城市群科技中心	"美国东海岸硅谷"、"美国雅典"
费城	清洁能源、制药业、制造业、教育服务、交通运输	城市群交通枢纽、全美重要的制造业中心	"美国鲁尔"
巴尔的摩	工业制造业、商贸、服务业	制造业和进出口贸易中心	——

资料来源:冯怡康、马树强、金浩:《国际都市圈建设对京津冀协同发展的启示》,《天津师范大学学报》(社会科学版)2014 年第 6 期,第 7~12 页。

2. 产业高度集聚,突出转型升级

首先,上述世界级城市群发展经验表明,当城市经济发展到成熟阶段时,中心城市高度集聚的功能发生改变,以制造业为主的工业逐渐从核心区域向周边区域转移,生产功能出现弱化趋势,但金融、保险等服务业在核心区域所占的比重逐渐变大,制造业中心逐步向服务中心转变,生产性服务业成为城市支柱产业,出现中心城市产业高度服务化趋势,为城市经济提供强大的服务功能,在这一过程中城市群一体化趋势进一步增强。其次,产业转型与继承传统特色产业有机结

合。世界级城市群中很多地区是自工业革命开始就发展形成的老工业基地（如曼彻斯特、五大湖地区城市、鲁尔区城市等），这些地区最初是依托当地资源优势（如煤矿、铁矿资源等）发展起来的重工业基地，当生产力进步和生产资料更新后，其及时完成了产业转型和新型工业城市建设。同时，各大城市群传承和发扬传统特色产业（如东京的传统陶瓷、纺织业，伯明翰的金银珠宝制造业等），不仅体现了城市发展对历史的尊重和继承，同时也延展了城市产业的差异性和多样性。再次，产业结构横向集聚、纵向链化。世界级城市群由于其核心城市的主导产业不同而形成了不同的产业集群，相同的产业集群内不同层级的城市产业分工又有所不同。以日本太平洋沿岸城市群为例，其内部东京核心区集聚管理、信息、金融等服务业，多摩地区为高新技术区，集中研发机构和高等学府，工业制造则主要分布在神奈川区和千叶区域，其中，神奈川地区机械制造业更突出，而千叶地区化工业比重更大。

3. 科学统筹，规划保障先行

美国大西洋沿岸城市群发展规划始终坚持世界一流，致力于提升城市群整体空间布局层次和区域协同发展水平。三次重大的调整都旨在增强美国大西洋沿岸城市群各城市的整体经济竞争力，促进纽约、新泽西州和康涅狄格州的协调发展和共同繁荣。1923 年，纽约城市群第一次规划核心是"再中心化"，1968 年的第二次规划以抑制城市过度蔓延为主要目的，尤其是 1996 年第三次调整启动拯救纽约城市群全新规划，提出建设美国东北部地区大西洋沿岸的现代化城市带，使美国大西洋沿岸城市群的经济实力获得了协调发展，加快推进美国大西洋沿岸城市群的一体化进程。伦敦城市群的建设与发展依托官方、半官方与民间组织合作，发挥多方智慧形成基本思想及发展规划。1997 年英国民间规划组织"伦敦规划咨询委员会"发布大伦敦发展战略规划，提出了"强大的经济实力、高水平的生活质量、可持续发展的未来、为所有人提供的机遇"等四重目标组合,在此框架引导下,伦敦城市群由封闭到开放,最后形成了由内伦敦、大伦敦、标准大城市劳务区和伦敦大都市圈四个圈层构成的圈域城市群发展模式。大巴黎地区城市群规划突出以法律保障规划的权威性和可执行性,1994年批准的《巴黎大区总体规划》作为强制执行的法律文件,是该地区发展过程必须遵守的原则。正是一系列有法律效力的规划促进了法国经济发展和大巴黎地区城市群的最后建成。

4. 高度重视区域平衡发展

以大巴黎地区城市群为例,1956年颁布的《巴黎地区国土开发计划》明确提出了降低巴黎中心地区密度、提高郊区密度、促进地区均衡发展的举措。之后还制定了《巴黎地区整治规划管理纲要》《巴黎地区区域开发与空间组织计划》《城市规划和地区整治战略规划》《巴黎大区总体规划》,这些规划的宗旨都是强化均衡发展,促进城市之间合理竞争。再如,从1958年开始,日本政府针对东京都市圈建设先后制定了五次基本规划,历次规划出台都经过充分的酝酿,全面考虑城市群中各城市政治背景、经济发展水平、文化习惯、地域范围以及人口规模等诸多因素,保障各城市获得平等的发展机会,高效合理配置城市资源,使城市群呈现平衡和谐的发展态势。

5. 完备高效、前瞻发达的交通基础设施体系

首先是完善高效的高速铁路。高铁规划主要考虑城市群内部的人口规模、城市间的距离、已有交通体系、城市经济发展水平、交通拥堵状况等因素。以日本太平洋沿岸城市群为例,全长552.6公里的东海道新干线贯穿日本太平洋沿岸城市群,起止于东京和大阪,途经横滨、名古屋、京都等主要城市,连接东京、名古屋、大阪三大都市圈,将东京和大阪之间的铁路通行时间由原来的6小时50分钟缩短为2小时25分钟。其次是方便低碳的公共交通运输系统。世界级城市群作为具备人口容纳和经济增长能力的地区,其空间发展要求提供强大、具有竞争力和低碳的交通运输系统，随着交通方式的多样化，综合交通枢纽和多层次立体交通网络，加强城市间的相互联系，成为世界级城市群快速发展的前提。大西洋沿岸城市群采取优先发展公共交通的策略，形成了由轨道交通、公共汽车、小汽车、轮渡和航空等多种运输方式构成的公共交通运输体系。其中，地铁和铁路占据了重要的位置，2009 年时比例高达 51.7%，轮渡和航空也发挥了重要的辅助性作用。"美国 2050" 客运网络规划等级体系的划分主要根据城市的人口规模，即人口规模 25 万以上的城市与中心城市之间主要通过区域高铁网络进行联系，人口规模在 5 万 ~ 25 万的城市主要通过传统铁路和公交系统进行联系。伦敦城市群以轨道交通与道路交通相衔接、地上地下相结合，形成了集地铁、火车、轻轨、公交、出租汽车于一体的立体化公共交通网络，以伦敦为中心不断向外辐射，郊区铁路线网密度高，分布均匀，加之 "一环九射" 的高速公路网络，内部城市之间的关系通过道路、城轨和铁路得以强化，对促进整个地区的经济发展起到巨大的推动作用。大巴黎地区城市群主要通过建造快速、大容量的城市轨道交通网来解决城市化进程中的交通问题。巴黎中心城区的通勤主要依靠地铁系统，大巴黎地区的交通主要通过城际轨道，而巴黎城市群内的联系则更多地交由高速铁路完成，发达的陆、海、空交通系统，将巴黎中心区、大巴黎地区、巴黎都市圈高效地连成一体，确保了城市群的正常运转。日本太平洋沿岸城市群拥有目前全世界最密集的轨道交通网，其基本理念是优先发展公共交通，大量的人力、物力都投入建设轨道交通，建成了以东京站、秋叶原和新桥为辐射中心，呈环形的放射线形轨道交通布局，轨道交通近万公里，其中郊区铁路 2000 多公里，构成了日本太平洋沿岸城市群公共交通的骨架。此外日本太平洋沿岸城市群还拥有大小港口 40 个，主要集中在东京湾，港口之间分工明确，形成良性有序竞争，成为世界最为繁忙和高效的城市群港口之一。

6. 始终贯彻可持续发展理念

大巴黎地区城市群对资源环境的可持续发展高度重视，1934 年巴黎政府第一次出台大巴黎地区城市群规划时就限定了可建设用地的范围，有效保护了现有绿地和历史景观地段。之后其制定的一系列开发计划和总体规划都提出建设卫星城、新城必须整治、改善和维护城市优美环境，特别是 1994 年批准的《法兰西岛地区发展指导纲要（1990 ~ 2015）》将保护自然环境作为首要目标，尊重自然环境与自然景观、保护历史文化古迹、保留城镇周围的森林、保留大区内的绿色山谷、保留农村景色、保护具有生态作用的自然环境等都被列为必要的措施。日本太平洋沿岸城市群建设也高度注重可持续发展，如1958 年制定的《第一次首都圈基本规划》提出，在东京中心区外设置 5 ~ 10 公里的绿化环带，在绿环外围建设卫星城，吸收流入的人口和产业，以保障中心区的环境质量，控制东京都市圈的快速扩张。①

第二节　京津冀世界级城市群发展沿革及定位

"十二五"时期，以城市群为主体的竞争模式已然成为我国区域发展的新特点。改革开放以来，正是长三角、珠三角、京津冀等跨省域城市群的集体发力，有效带动区域经济增长，助推我国经济规模迅速扩大、经济结构加速调整，创造出令世界瞩目的"中国速度"。"十三五"期间，城市群将成为中国区域经济发展的重要引擎，推动经济结构转型调整和实现新型城镇化，尤其是京津冀城市群，发挥其战略作用和区域协同功能，更是国家层面统筹谋划的重大发展问题。②

---

① 柳天恩：《京津冀协同发展：困境与出路》，《中国流通经济》2015 年第 4 期，第 83 ~ 88 页。
② 《创造》编辑部：《城市群：融合与较量》，《创造》2012 年第 4 期，第 30 ~ 31 页。

一　发展沿革

1. 起步阶段（1980～1995 年）

20 世纪 80 年代京津冀区域合作开始启动，1981 年 10 月成立了我国第一个区域经济合作组织，即由京津冀晋蒙组成的"华北经济技术协作区"，1986 年成立"环渤海地区经济联合市长（专员）联席会议"和"环京经济技术协作区"，1988 年北京市与河北省环京地区的保定、廊坊、唐山、秦皇岛、张家口和承德六地（市）组建环北京经济协作区，旨在推进京津冀区域经济合作。

2. 快速发展阶段（1996～2005 年）

这一阶段虽然区域性整体规划尚未出台，但区域合作的脚步没有放慢，政府努力推进京津冀一体化发展，"九五"计划将环渤海地区列为全国七个跨省级经济区之一，同时北京市提出建立以北京为核心的"首都经济圈"，2004 年三地签订"廊坊共识"，2005 年《北京城市总体规划》提出推动三地全方位合作。同期，天津滨海新区纳入国家战略、首钢获批搬入河北曹妃甸、三地主要铁路及高速公路等交通干线先后竣工通车，京津冀区域协同进入实质性快速发展时期。

3. 全面深化阶段（2006～2014 年）

2006 年以来，京津冀协同进入细致化、全面化、系统化发展阶段，政府主导大力推进区域一体化，尤其是 2008 年之后三省互访频繁，多次签订合作备忘录，首都经济圈、河北沿海地区加快发展先后上升为国家战略。2013 年 8 月，习近平总书记提出推动京津冀协同发展，2014 年 2 月发表重要讲话，就推进京津冀协同发展明确提出七点要求，[①] 随后

---

① 这七点要求具体为：一是着力加强顶层设计；二是打破自家"一亩三分地"的思维定式，抱成团朝着顶层设计的目标一起做；三是着力加快推进产业对接协作；四是着力调整优化城市布局和空间结构；五是着力扩大环境容量生态空间；六是着力构建现代化交通网络系统；七是着力加快推进市场一体化进程。

国务院成立京津冀协同发展领导小组，标志京津冀协同发展进入全面深化的历史新阶段。①

4. 跨越式发展阶段（2015 年至今）

2015 年 4 月 30 日，《京津冀协同发展规划纲要》审议通过，京津冀整体定位为以首都为核心的世界级城市群，这意味着在国家战略层面明确了京津冀城市群发展方向和主导思路，京津冀协同发展进入跨越式发展新阶段。

二 定位缘由

京津冀地区同属京畿重地，濒临渤海，背靠太岳，携揽"三北"，战略地位十分重要，是中国经济最具活力、开放程度最高、创新能力最强、吸纳人口最多的地区之一。但是北京集聚过多的非首都功能，"大城市病"日益凸显，人口过度膨胀、交通日益拥堵、大气污染严重、房价持续高涨、社会管理难度大，引发一系列经济社会问题。同时，京津冀地区水资源严重短缺，地下水严重超采，环境污染问题突出，已成为我国东部地区人与自然关系最为紧张、资源环境超载最为严重、生态联防联治要求最为迫切的区域。再加之京津冀区域整体功能布局不够合理，城镇体系结构失衡，京津两极过于"肥胖"，周边中小城市过于"瘦弱"，地区之间发展差距悬殊，特别是河北与京津两市之间发展水平差距较大，公共服务水平落差明显。因此京津冀地区迫切需要应对区域发展不平衡、资源环境压力加大等一系列挑战，而有序疏解北京非首都功能，加快转变经济发展方式，培育增长新动力和新的增长极，优化区域发展格局，建设具有较强竞争力的世界级城市群，进一步完善京津冀区域

---

① 王宇、王立、张长安、树伟：《京津冀协同发展研究的回顾与前瞻》，《城市》2015 年第 8 期，第 12 ~ 16 页。

城市群形态，合理布局城市空间，优化提升首都核心功能，破解首都发展长期积累的深层次矛盾和问题，是京津冀协同发展的必然选择。

三　定位内涵

第一，从定位基础来看，马晓河（2014）以新经济地理学和区域经济学的相关理论为依据，认为目前京津冀协同发展处于从市场一体化向产业一体化迈进的阶段，显著特征表现为：京津冀区际贸易壁垒和要素流动障碍基本不存在，但要素呈现单向流动特征，京津两地对河北要素单向吸附，区域内呈现典型的"中心—外围"结构特征。随着土地等非流动要素价格上涨、交通拥堵和市场拥挤效应显现以及资源环境约束强化，京津两个中心城市的扩散效应将不断增强并最终超过极化效应，区域内有望形成新的产业集聚中心。在迈向产业一体化的过程中，推进北京、天津等中心城市功能疏解，在河北省内培育新产业集聚中心，促进京津冀形成优势互补、错位发展的产业分工格局，是京津冀世界级城市群发展的基础条件。

第二，从发展路径来看，京津冀世界级城市群推进形成合理高效的空间格局分为三个步骤：一是推进京津冀空间结构由"中心—外围"向"双轮驱动"转变。北京通过首都非核心功能疏解为自身"消肿"，在医治"大城市病"的同时辐射带动河北的发展。天津通过"有进有出"的策略，一方面承接北京的高端产业，另一方面推动自身低端产业向河北转移，在实现自身产业跃升的同时带动河北发展。河北则依托京津，尽快消除"环京津贫困带"，建立具有"二传手"功能的副中心城市，缩小与京津两地的差距。二是推进京津冀空间结构由"双轮驱动"向"一轴两带"转变。"一轴"是指由北京—廊坊—天津组成的经济发展主轴，"两带"是指由北京—保定—石家庄—邢台—邯郸组成的京广北段经济带和由秦皇岛—唐山—天津—沧州组成的滨海经济带。"一轴两带"连接起区域内的重要节点城市，有效促进要素对接、对流和产业互补、互促，提高区域资源的优化配置能力，通过轴带辐射带动区域发展。三是推进京津冀空间结构由"一轴两带"向"多中心网络"转变。通过京津冀大中小城市的合理布局与分工，较强的扩散和溢出效应产生，形成"多中心网络"的区域空间结构高级形态，打造具有国际竞争力的城市群。①

第三，从功能定位来看，发挥"1＋1＞2"、"1＋2＞3"的效应，提升区域整体竞争力，在"以首都为核心的世界级城市群、区域整体协同发展改革引领区、全国创新驱动经济增长新引擎、生态修复环境改善示范区"的总体定位下，三地进行功能再分解，即北京——作为首都，围绕"全国政治中心、文化中心、国际交往中心、科技创新中心"等四个中心，淡化经济中心功能，疏解首都非核心功能，缓解日益严重的"大城市病"，建设国际文化名城和宜居城市；天津——在城市规模上与北京相当，拥有北方最大的综合性港口和先进的制造业基础，处于工业化后期阶段，其定位为"全国先进制造研发基地、北方国际航运核心区、金融创新运营示范区、改革开放先行区"，突出高端制造、研发转化和生产服务功能。河北——作为京津的腹地，定位为"全国现代商贸物流重要基地、产业转型升级试验区、新型城镇化与城乡统筹示范区、京津冀生态环境支撑区"，积极承接京津产业转移和北京疏解的首都非核心功能，突出利用京津辐射带动加快自身发展。②

---

① 马晓河：《从国家战略层面推进京津冀一体化发展》，《国家行政学院学报》2014 年第 4 期，第 28 ~ 31 页。

② 马晓河：《从国家战略层面推进京津冀一体化发展》，《国家行政学院学报》2014 年第 4 期，第 28 ~ 31 页。

第三节　京津冀世界级城市群的主要
功能和建设目标

一　创新城市群发展形态

京津冀城市群作为典型的"双核驱动型"城市群，其突出特点为双核发展结构，城市群区域范围内除了中心城市外，均有一个经济发展规模较大的港口城市或直辖市，即北京和天津两个核心，在双核城市周围还分布了十几个大中城市和一批小城镇，目前京津冀地区城镇集聚了6347万多人。这种类型的城市群受双核复合驱动，发育程度、对外开放程度、产业结构层次明显高于其他区域，是中国城市群发展的主要引擎，对新型城镇化发展格局的形成至关重要。① 京津冀城市群虽然具备区域地缘相接、人缘相亲、地域一体、文化一脉、历史渊源深厚等绝对优势，但是长期以来其一体化程度滞后于长三角、珠三角城市群，尚未形成统一的城市群发展规划和协作机制，因此建设京津冀城市群将有助于加快区域转型发展，形成"双核驱动型"城市群的特色经验，探索不同形态世界级城市群发展的有效路径。

二　有效解决北京"大城市病"

北京"大城市病"主要来源于：第一，经济发展及其所引致的人口过快增长。北京作为具有复合功能的首都承担着政治、文化、国际交往、科技、教育、经济等多重功能，尤其是经济功能过于强大，

---

① 黄金川、陈守强：《中国城市群等级类型综合划分》，《地理科学进展》2015年第3期，第290～301页。

因此其必然发展成为行政、经济、文化、科教等各种功能集中的综合性城市，再加上首都的独特资源优势和行政权力中心的吸引，经济社会发展带动生活性服务业需求日益旺盛等多重因素作用，直接导致北京常住人口增长过快，依靠原来的户籍制度和行政手段已经难以解决人口增长问题。第二，城市规划不科学、不合理。"单中心"格局未能突破，综合承载能力不足，城市规划在引导城市由单中心格局向多中心格局演变中的作用没有充分发挥出来。第三，体制机制掣肘是最根本的原因。以行政单位为组织经济发展的单元，过度关注本地经济发展。解决城市规模扩张和发展问题只能依赖于经济和产业发展。由于人口集聚带来的城市基础设施需求增加、公共服务需求增加、能源消耗加大以及生态环境的压力等困境还需通过发展更大规模的产业解决，而这又带来新的、更多的人口集聚，产生恶性循环，这种财税体制倒逼条件下的发展模式成为北京"大城市病"产生的根源。① 只有通过建设京津冀城市群，为北京非首都功能疏解提供调整空间，才能解决由于功能过多导致的人口膨胀、交通拥堵、房价高涨、环境污染等大城市病，使北京更好地发挥政治、文化、国际交往、科技创新中心的功能。

三　培育形成新的增长极和发展动力

京津冀城市群经济密度远低于长三角城市群和珠三角城市群，2013 年，京津冀的经济密度分别为长三角、珠三角城市群的32.24% 和 15.68%，还不到长三角的 1/3 和珠三角的 1/6。建设以首都为核心的京津冀世界级城市群，通过城市群内各城市的合理分工与合作，实现优势互补，充分激发这一区域的活力，大大降低区

---

① 赵弘：《北京大城市病治理与京津冀协同发展》，《经济与管理》2014 年第 3 期，第 5 ~ 9 页。

域内的交易成本，有利于形成中国第三增长极，引领中国北方进一步对外开放，更好地参与全球竞争。① 随着经济全球化与区域一体化的发展，世界级城市群在国际政治、经济和文化等方面的影响更为深远和广泛，在经济体系中的地位举足轻重，这些城市群的中心城市，如纽约、东京、伦敦等迅速成为控制全球性经济、政治、文化活动的大城市。京津冀城市群中的核心城市北京既是首都又是区域大都市，而且中国的崛起也使北京在国际政治、经济、文化活动中的影响力日益提升，建设京津冀世界级城市群作为京津冀协同发展的首要目标，可有效解决北京 "大城市病"，积极疏解非首都功能，突出强化北京首都功能，积极发挥北京作为重要中心的作用，对于促进京津冀区域协调发展和培育区域增长动力意义重大。

四 优化区域空间布局结构

京津冀世界级城市群建设的主要支撑和关键环节即合力打造高效、集约的区域空间架构，实现多元化、立体化的协同发展布局。从地理位置上说，京津被河北环抱，京津冀区域关系可以形象地描述为 "两核一环"，或 "北京为核心、天津为一翼、河北为腹地" 的 "一核、一翼、一环"，三者在地理空间上是不可分割的有机整体。从经济联系和产业布局上看，京津冀城市群建设还涉及核心城市功能定位、城市群功能分工与产业定位、区域产业布局调整、生态环境的综合治理和一体化的综合服务体系建设等诸多方面，除此之外还涉及政治、社会、文化、生态环境以及生活的各个方面，因此京津冀城市群建设是关系以首都北京为核心的京津冀地区经济社会和生态环境现代化发展整体大布局调整的巨大而复杂的系统工程，必然带动生产力布

---

① 薛惠娟、田学斌、高钟：《加快推进京津冀世界级城市群建设——"加快京津冀城市群建设" 专家座谈会综述》，《经济与管理》2014 年第 4 期，第 10～13 页。

局和区域空间结构优化，提升京津冀在国内乃至更大范围内的区域竞争力和竞合地位。①

第四节　京津冀世界级城市群发展路径

一　现实发展路径

1. 加强顶层设计，在科学研判的基础上充分发挥规划引领作用

借鉴世界级城市群统筹规划保障先行的经验，坚持问题导向，将《京津冀协同发展规划纲要》（以下简称《规划纲要》）作为编制各成员城市发展规划的重要基础和主要依据，在此基础上和框架下，从京津冀三地区域发展面临的体制、机制障碍和约束出发，充分考虑京津冀城市群总体规划的要求，给地方更多的自主权，进一步明确区域发展功能定位，体现全局意识，指导各成员城市的相关规划，实现京津冀城市群作为一个整体发展效益的最大化，并使所有的成员城市能分享这种整体发展所带来的最大效益。目前，北京、天津、河北三地已正式启动"十三五"规划编制，其中京津冀协同发展路径选择成为三地规划的重要内容，应遵循《规划纲要》的基本要义，切实打破"一亩三分地"思维定式，从京津冀区域发展全局谋划疏解北京非首都功能，加强战略设计，推进布局调整，增强京津冀整体性，明确实现总体目标和重大任务的时间表、路线图，研究制定科学的实施方案，分阶段、有步骤地加以推进。同时，推动京津冀三省市抓紧出台各自贯彻落实《规划纲要》的实施方案和支持政策，加快协调编制土地利用、城乡、生态环境保护等相关专项规划，力求地方规划及

---

① 许文建：《关于"京津冀协同发展"重大国家战略的若干理论思考——京津冀协同发展上升为重大国家战略的解读》，《中共石家庄市委党校学报》2014年第4期，第14～19页。

各专项规划之间实现良好衔接，立足现实基础和长远需要，把握好疏解北京非首都功能、推动协同发展的步骤、节奏和力度，对已达成共识、易于操作的领域率先突破，选择有条件的区域率先开展试点示范，发挥引领带动作用。

2. 有序疏解非首都功能，明确三地功能定位及差别化发展战略

世界级城市群的一个突出特征就是以中心城市功能疏解为契机，打造多核心、网络化的城市群系统。京津冀世界级城市群建设过程中，可以从三地发展诉求中寻找利益契合点，进一步明确功能定位，充分发挥各自的比较优势，调整优化区域生产力布局，加快推动错位发展与融合发展，创新合作模式与利益分享机制，在有序疏解北京非首都功能的进程中实现区域良性互动，促进三省市协同发展、协调发展、共同发展。京津冀整体定位是"以首都为核心的世界级城市群、区域整体协同发展改革引领区、全国创新驱动经济增长新引擎、生态修复环境改善示范区"，区域整体定位体现了三省市"一盘棋"的思想，突出了功能互补、错位发展、相辅相成的理念。北京"四个中心"和天津、河北"一基地、三区"的城市定位明确了京津冀城市群内各成员城市的基本功能，这种定位分工服从和服务于区域整体定位，体现了区域整体和三省市各自特色，符合协同发展、促进融合、增强合力的战略需要。城市之间各有优势，也互有诉求，存在合作的内在动力，北京更多的是寻求发展空间，天津最需要的是提升发展质量，河北最需要的是发展机会。根据京津冀城市群成员城市的具体情况，实施差别化发展战略。在京津冀城市群内部，北京和天津属于超大城市，采取优化发展的战略，重点需要优化产业结构和空间布局，大力发展高新技术产业，加快传统产业技术升级，实行严格的建设项目准入制度。唐山、石家庄、保定等城市规模偏小，是承接产业和人口转移的重点区域，实施重点发展战略，坚持环境与经济协调发展，在科学合理地对环境承载力进行评价的基础上，高质量地推进工业化和城镇化，加快基础设施建设，严格控制污染物排放总量，有效遏制生态环境恶化趋势，积极承接人口转移，实现快速城镇化与人口现代化的协调统一。①

3. 发挥核心城市功能，促进城市合理分工

保障各城市获得平等的发展机会，在核心城市功能扩展的基础上高效合理地配置城市资源，推动城市群合理分工融合是世界级城市群发展的又一重要经验。因此，一方面，京津冀城市群各成员城市应切实消除产业发展中存在的各类行政壁垒，让产业遵循市场规律实现优胜劣汰和优化配置，按照产业链、价值链的发展模式，从全国生产力整体布局出发，明确三省市产业发展定位，理顺产业发展链条，加快产业转型升级，打造立足区域、服务全国、辐射全球的优势产业集聚区，实现产业发展的互补互促。重点是明确产业定位和方向，加快产业转型升级，推动产业转移对接，加强三省份产业发展规划衔接，制定京津冀产业指导目录，加快津冀承接平台建设，加强京津冀产业协作等。另一方面，北京和天津在京津冀城市群中的核心作用非常强，因此要充分发挥核心城市的引领功能，进一步强化这两个城市的枢纽型地位，发挥其在京津冀城市群中的核心带动作用，促进城市的合理分工。在发挥京津冀城市群"两核带动"作用的同时，积极壮大石家庄的枢纽地位，逐步强化石家庄在京津冀城市群中的枢纽作用，形成多极支撑和网络化的空间形态。发挥秦皇岛、唐山、沧州等其他成员城市的支撑作用，进一步深化其与北京、天津的分工协作，在双核的引领下，共同打造京津冀城市群的滨海隆起带。廊坊和保定由于毗邻北京，是北京对外交通通道上的重要节点，充分发挥其区位优势和交通优势，承接来自北京的要素转移，使其成为北京的重要功能区。发挥张家口和承德的生态屏障作用，建设京津冀城市群重要水源涵养

---

① 贾若祥：《京津冀城市群健康发展对策》，《决策与信息》2014 年第 29 期，第 25～27 页。

区和生态屏障区。

4. 实现空间合理布局，构建多层次网络格局

经验表明，空间布局是世界级城市群功能定位在空间上的具体体现，也是优化资源配置、实现城市群协同发展的重要基础。京津冀城市群应依据"功能互补、区域联动、轴向集聚、节点支撑"的布局思路，推动形成以"一核、双城、三轴、四区、多节点"为骨架，以重要城市为支点，以战略性功能区平台为载体，以交通干线、生态廊道为纽带的网络形空间格局。其中，"一核"即指北京，重点是有序疏解北京非首都功能、优化提升首都核心功能、解决北京"大城市病"问题。"双城"是指北京、天津，作为京津冀协同发展的主要引擎，进一步强化京津联动，全方位拓展合作广度和深度，加快实现同城化发展，共同发挥高端引领和辐射带动作用。"三轴"指的是京津、京保石、京唐秦三个产业发展带和城镇聚集轴，是支撑京津冀协同发展的主体框架。"四区"分别是中部核心功能区、东部滨海发展区、南部功能拓展区和西北部生态涵养区，每个功能区都有明确的空间范围和发展重点。"多节点"包括石家庄、唐山、保定、邯郸等区域性中心城市和张家口、承德、廊坊、秦皇岛、沧州、邢台、衡水等节点城市，重点是提高其城市综合承载能力和服务能力，有序推动产业和人口聚集。立足于三省市比较优势和现有基础，通过实现定位清晰、分工合理、功能完善、生态宜居的城市群空间布局，释放城市群发展潜能，提升整体发展层次。

5. 推进基础设施领域合作，实现基础设施的互联互通

从日本太平洋沿岸城市群建设的五次规划来看，交通一体化作为医治东京"大城市病"的一剂良药，同时也推动了由新就业方式引发的产业创新发展。京津冀城市群作为一个相互之间联系紧密的经济区，各城市之间的基础设施建设和便利通达性远远滞后于市场需求，特别是天津和河北之间的交通通达性更为滞后，截至2013年底，从

天津始发到石家庄的火车最快需要将近 6 个小时，天津到承德最快需要 7 个多小时，而珠三角和长三角地区都已经实现 1 小时高铁经济圈，两者之间的差距及其对区域经济增长和一体化深化的影响不言而喻。因此京津冀地区应以世界级城市群交通基础设施发展经验为指导，以基础设施互联互通作为协同发展突破点，克服行政壁垒的限制，从整个京津冀城市群范围考虑基础设施的互联互通问题，为实现整体效益的最大化奠定坚实的基础。加快京津冀城市群交通一体化建设，按照网络化布局、智能化管理和一体化服务的要求，构建以轨道交通为骨干的多节点、网格状、全覆盖的交通网络，提升交通运输组织和现代化服务水平，建立统一开放的区域运输市场格局。重点是建设高效密集的轨道交通网，完善便捷通畅的公路交通网，打通高速公路"断头路"，全面消除跨区域国省干线"瓶颈路段"，加快构建现代化的津冀港口群，打造国际一流的航空枢纽，加快北京新机场建设，大力发展公交优先的城市交通，提升交通智能化管理水平，提升区域一体化运输服务水平，发展安全、绿色、可持续交通。[1] 同时，首都第二机场建设也为三方空港经济的协同发展提供了契机。在港口建设方面，虽然天津和唐山之间似乎存在着竞争，但随着顶层设计的推进，这两个城市可以化竞争为合作，共同推动临港经济成为城市群新的增长点。[2]

6. 推进生态环境领域的合作，实现生态环境共治共享

良好的生态环境是世界级城市群的重要特征，也是城市群发展的基础。京津冀城市群自然空间分异非常明显，因此更需要实施差别化发展战略，促进生态空间、生产空间、生活空间协调发展。京津冀城

---

① 薄文广、陈飞、张玮：《促进京津冀协同发展的四"点"建议》，《中国国情国力》2015 年第 1 期，第 32～34 页。

② 秦婷婷：《日本首都圈建设对我国京津冀协同发展的启示》，《廊坊师范学院学报》（自然科学版）2014 年第 5 期，第 61～64 页。

市群作为我国重要的城市群之一，其所面临的生态环境问题也非常突出，比如近几年十分严重的大气污染问题和跨行政区的流域水污染问题，这些问题依靠单个城市的力量难以从根本上解决，需要各成员城市平衡自身利益，通力合作，共同参与到生态保护和治理的行动中来，实现生态环境的联防联控，确保整个区域内的生态环境治理取得成效。京津冀城市群的生产空间和生活空间主要集中在城市化地区，而且相互交织在一起，因此三地应按照人口资源环境均衡、经济社会生态效益相统一的原则，打破行政区域限制，控制开发强度，调整空间结构，推动能源生产和消费革命，促进绿色循环低碳发展，加强生态环境保护和治理，扩大区域生态空间，促进生产空间集约高效、生活空间宜居适度、生态空间山清水秀。对于生态功能区，要坚持以保护为主，合理选择发展方向，发展特色优势产业，加快建设重点生态功能保护区，探索推进横向生态补偿机制建设，确保生态功能得到恢复和保护，逐步恢复生态平衡。

二　京津冀城市群的未来展望

从长远来看，京津冀世界级城市群的建设最终将实现四个一体化。首先，产业一体化是京津冀城市群成为世界级城市群的实体内容和关键支撑。京津冀只有通过产业链的合理分工，发挥各自的优势，推动区域经济深度融合，才能夯实世界级城市群的微观基础。因此北京应主动"瘦身"，真正"舍得"，积极调整疏解转移一部分功能，发挥好科技、人才、国际交往的优势，提高新技术的研发能力和水平，构建世界级城市群核心城市应具备的现代化发达经济结构。天津应充分利用港口、商贸优势，通过产业链上、中、下游的分工，为京津冀协同发展夯实产业基础。河北则利用好地域空间、资源环境、人力资源等优势，实现京津两地科研成果的产业化。

其次，基础设施一体化是京津冀城市群建设的根本基础和充要条件。在京津冀城市群的核心发展轴线上建设多层级快速轨道交通体系，是疏解北京非首都功能的关键。快速轨道交通是城市群机体内连通的"筋骨"，通过轨道交通引导区域产业、人口向轨道沿线城镇集聚，促进轨道沿线城镇功能提升，形成以轨道为骨架的走廊发展模式，可有效遏制城市无序蔓延。通过构建"轨道上的京津冀"引导城市功能布局，统筹实现城市群公共交通、高速公路、机场、港口、通信等基础设施的一体化。

再次，生态一体化是建设京津冀世界级城市群的基本要求和终极目标之一。长期以来，生态环境建设是京津冀城市群发展的短板和瓶颈之一。大气污染、土壤污染、水污染、水土流失、地下水下降等问题，严重制约了京津冀世界级城市群的发展步伐。因此，三地紧密携手，在调整能源结构、淘汰落后产能、化解过剩产能、防治机动车污染、保护水资源等方面加强合作，建立大气污染、水污染联防联控机制，共同构筑起区域生态环境安全防护体系，通过这个重要切入点京津冀城市群建设的艰巨任务最终得以启动和实施。①

最后，基本公共服务均等化是建设京津冀世界级城市群不容忽视的关键环节。基本公共服务的巨大差距将成为阻碍京津冀城市群未来健康发展的"绊脚石"。目前京津冀三地已在社会保障、医疗卫生、教育合作等方面进行了有益探索实践，积累了一定的经验。未来应进一步发挥政府引导作用，引入市场机制，促进优质公共服务资源均衡配置，合力推进教育医疗、社会保险、公共文化体育等社会事业发展，逐步提高公共服务均等化水平，实现京津冀城市群公共服务规划和政策统筹的有效衔接。②

---

① 陈昌智：《大力推进京津冀协同发展》，《经济与管理》2015 年第 1 期，第 5~6 页。
② 薛惠娟、田学斌、高钟：《加快推进京津冀世界级城市群建设——"加快京津冀城市群建设"专家座谈会综述》，《经济与管理》2014 年第 4 期，第 10~13 页。

第二章

世界级城市群视阈下的天津城市定位

第一节　建设京津冀世界级城市群与
天津的城市定位

一　建设京津冀世界级城市群战略的提出

1. 京津冀合作发展的历史演进

京津冀合作发展话题由来已久，最早可以追溯到 20 世纪 80 年代。20 世纪 80 年代中期，京津冀地区成为国家实施国土整治战略的"四大"试点地区之一（另外三个分别是沪苏浙、珠江三角洲和"三西"煤炭能源基地），要求环渤海和京津冀地区开展全面的国土整治工作，以实现区域分工协作、发挥资源比较优势、治理生态环境、开展跨区域基础设施建设、优化产业和人口布局，实现区域协调发展。这次区域合作在跨区域交通基础设施建设、水资源节约利用、土壤污染治理等方面取得了一定成效，为以后的区域合作打下了一定基础。

2004 年 2 月 12～13 日，由国家发改委牵头，在河北省廊坊市举行了包括京津冀三地政府、企业和学者等各界人士参加的京津冀区域合作论坛，就一些原则问题达成了旨在推进"京津冀经济一体化"的"廊坊共识"。同年6月，商务部和京、津、冀、晋、蒙、鲁、辽7省区市达成《环渤海区域合作框架协议》。"廊坊共识"和《环渤海区域合作框架协议》对于推进京津冀区域协作发展进程具有里程碑意义。

2005年，国务院批复的《北京城市总体规划（2004～2020年）》提出了京津冀地区要在产业发展、生态建设、环境保护、城市空间与基础设施布局等方面加强协作。

2006年，国家在发布的国民经济和社会发展"十一五"规划纲要中提出，"已形成城市群发展格局的京津冀、长江三角洲和珠江三角洲等区域，要继续发挥带动和辐射作用，加强城市群内各城市的分工协作和优势互补，增强城市群的整体竞争力"。京津冀区域合作发展问题进入国家发展规划。同年，京津冀区域发展合作研究联席会议在廊坊举行，标志着京津冀政府区域发展合作研究全面启动。在该年，国家发改委开始编制《京津冀都市圈区域综合规划》。

2011年，国家在"十二五"规划纲要中再次提出，"推进京津冀、长江三角洲、珠江三角洲地区区域经济一体化发展，打造首都经济圈，重点推进河北沿海地区、江苏沿海地区、浙江舟山群岛新区、海峡西岸经济区、山东半岛蓝色经济区等区域发展，建设海南国际旅游岛"。京津冀地区合作发展问题成为国家推进区域发展的重要问题。

2. 京津冀协同发展成为国家重大发展战略

（1）京津冀协同发展战略的提出。

2013年，习近平总书记先后到天津、河北调研，强调要推动京津冀协同发展。2013年5月，习近平总书记在天津调研时提出，要谱写新时期社会主义现代化的京津"双城记"。2013年8月，习近平总书记在北戴河主持研究河北发展问题时，又提出要推动京津冀协同发展。此后，习近平总书记多次就京津冀协同发展做出重要指示，强调解决好北京发展问题，必须纳入京津冀和环渤海经济区的战略空间加以考量，以打通发展的大动脉，更有力地彰显北京优势，更广泛地激活北京要素资源，同时天津、河北要实现更好发展也需要连同北京发展一起来考虑。

2014 年 2 月 26 日，习近平总书记在北京主持召开座谈会，专题听取京津冀协同发展工作汇报，强调实现京津冀协同发展，是面向未来打造新的首都经济圈、推进区域发展体制机制创新的需要，是探索完善城市群布局和形态、为优化开发区域发展提供示范和样板的需要，是探索生态文明建设有效路径、促进人口经济资源环境相协调的需要，是实现京津冀优势互补、促进环渤海经济区发展、带动北方腹地发展的需要，是一个重大国家战略。他在讲话中指出，推进京津冀协同发展，要立足各自的比较优势、立足现代产业分工要求、立足区域优势互补原则、立足合作共赢理念，以京津冀城市群建设为载体、以优化区域分工和产业布局为重点、以资源要素空间统筹规划利用为主线、以构建长效体制机制为抓手，从广度和深度上加快发展。推进京津双城联动发展，要加快破解双城联动发展存在的体制机制障碍，按照优势互补、互利共赢、区域一体化原则，以区域基础设施一体化和大气污染联防联控作为优先领域，以产业结构优化升级和实现创新驱动发展作为合作重点，把合作发展的主要功夫下在联动上，努力实现优势互补、良性互动、共赢发展。

会上，习近平总书记就推进京津冀协同发展提出七点要求。一是要着力加强顶层设计，抓紧编制首都经济圈一体化发展的相关规划，明确三地功能定位、产业分工、城市布局、设施配套、综合交通体系等重大问题，并从财政政策、投资政策、项目安排等方面形成具体措施。二是要着力加大对协同发展的推动，三地自觉打破自家"一亩三分地"的思维定式，抱成团朝着顶层设计的目标一起做，充分发挥环渤海地区经济合作发展协调机制的作用。三是要着力加快推进产业对接协作，理顺三地产业发展链条，形成区域间产业合理分布和上下游联动机制，对接产业规划，不搞同构性、同质化发展。四是要着力调整优化城市布局和空间结构，促进城市分工协作，提高城市群一体化水平，提高其综合承载能力和内涵发展水平。五是要着力扩大环境容量与生态空间，加强生态环境保护合作，在已经启动大气污染防治协作机制的基础上，完善防护林建设、水资源保护、水环境治理、清洁能源使用等领域合作机制。六是要着力构建现代化交通网络系统，把交通一体化作为先行领域，加快构建快速、便捷、高效、安全、大容量、低成本的互联互通综合交通网络。七是要着力加快推进市场一体化进程，下决心破除限制资本、技术、产权、人才、劳动力等生产要素自由流动和优化配置的各种体制机制障碍，推动各种要素按照市场规律在区域内自由流动和优化配置。

2015年3月23日，中央财经领导小组第九次会议审议研究了《京津冀协同发展规划纲要》。2015年4月30日，中共中央政治局召开会议，审议通过《京津冀协同发展规划纲要》，指出推动京津冀协同发展是一个重大国家战略，核心是有序疏解北京非首都功能，要在京津冀交通一体化、生态环境保护、产业升级转移等重点领域率先取得突破。该《纲要》明确了京津冀的功能定位、协同发展目标、空间布局、重点领域和重大措施，为推动京津冀协同发展提供了行动纲领和基本遵循。

国家"十三五"规划纲要就推动京津冀协同发展问题单独列章进行论述，提出要坚持优势互补、互利共赢、区域一体，调整优化经济结构和空间结构，探索人口经济密集地区优化开发新模式，建设以首都为核心的世界级城市群，辐射带动环渤海地区和北方腹地发展。

（2）推进京津冀协同发展的重要意义。

迫切需要国家层面加强统筹，有序疏解北京非首都功能，推动京津冀三省市整体协同发展。京津冀协同发展战略的提出，始于一域、意在全局，既解近忧、更谋长远，既是疏解北京非首都功能、实现京津冀一体化发展、打造新的经济增长极的关键一招，也是优化国家发展区域布局、优化社会生产力空间结构、推进新的经济发展方式的制胜一招，是一个牵一发而动全身、落一子而全盘活的大思路、大谋划、大战略。

推动京津冀协同发展，是探索改革路径、构建区域协调发展体制机制的需要。区域发展不协调、不平衡是一个"老大难"问题，这些问题的长期存在与要素流动面临显性和隐形壁垒、区域发展的统筹机制欠缺等密切相关。京津冀发展不协调、不平衡的矛盾最为突出、最为复杂、关注度最高、解决难度最大。推动京津冀协同发展，必须通过深化改革打破行政壁垒，构建开放的区域统一市场，建立区域统筹协调发展新机制，为推动全国区域协同发展探索出一条新路子。

推动京津冀协同发展，是适应我国经济发展进入新常态，应对资源环境压力加大、区域发展不平衡矛盾日益突出等挑战，加快转变经济发展方式、培育增长新动力和新的增长极、优化区域发展格局的现实需要，意义十分重大。京津冀协同发展有利于破解首都发展长期积累的深层次矛盾和问题，优化提升首都核心功能，针对解决"大城市病"提出一套中国方案；有利于完善城市群形态，优化生产力布局和空间结构，打造具有较强竞争力的世界级城市群；有利于引领经济发展新常态，全面对接"一带一路"等重大国家战略，增强对环渤海地区和北方腹地的辐射带动能力，为全国转型发展和全方位对外开放做出更大贡献。

3. 建设世界级城市群是京津冀协同发展的核心目标

（1）京津冀城市群发展现状。

京津冀城市群是推动京津冀协同发展的载体。京津冀城市群包括北京、天津以及河北的石家庄、张家口、秦皇岛、唐山、保定、廊坊、邢台、邯郸、衡水、沧州、承德等共13个城市，区域面积占全国的 2.3%，人口占全国的 7.23%。京津冀城市群是我国三大城市群之一，所在区域既是中国的政治、文化中心，也是中国北方经济的重要核心区。

与长三角城市群和珠三角城市群相比，京津冀城市群当前发展中存在的问题主要表现在以下几个方面。第一，城市间经济发展水平差距过大，核心城市对区域发展的带动作用不明显。京津冀城市群中，京津两大核心城市并存，其集聚作用使京津冀地区的资源都往核心城市转移。河北省各个城市的经济实力相对不强，与京津两市的发展水平差距悬殊，接受核心经济辐射能力有限，使城市群中的非核心城市很难分享中心城市的发展成果。中心城市与周边城市的发展呈现二元发展趋势。反观长三角、珠三角城市群则情形完全不同，周边城市与中心城市相得益彰，实力雄厚，各具特色，紧密联系，逐渐融为一体。第二，交通网络欠发达。城市群借助现代化的交通工具和综合运输网络，发展城市个体之间的内在联系。城市间交通网络的发达程度是决定各城市联系紧密程度的重要因素，是城市群内部运行机制发挥作用的重要载体。京津冀交通设施网络化程度低与加快经济整合的矛盾较为突出，交通设施建设有待进一步完善。目前，由北京向外辐射的交通网络较为发达，但由于其行政首府的功能，大量的交通流量也让北京的交通不堪重负。而周边城市之间的互联交通却较为落后，甚至不成网络，无法发挥各城市之间紧密交流合作的成效。这与长三角、珠三角发达的铁路和高速交通网络相比，差距较大。第三，分工不明难协作。京津冀城市群内部缺乏明显的产业分工，且产业分工协作不力，区域内产业链联系不紧密。长期以来，北京、天津和河北各自为政，没有通盘考虑整个区域的发展，开展互补性合作的动机较弱。另外，北京、天津两市产业发展快、产业定位高，但传导力不强，周边城市跟不上，产业传递梯度落差大，使河北难以承接京津地区的产业转移。目前，河北的工业多为粗放型，高耗能高污染，这与京津发展要求的绿色环保相违背。环境污染的统筹治理也成为京津冀地区协作发展的障碍之一。

（2）京津冀建设世界级城市群发展战略。《京津冀协同发展规划纲要》（以下简称《纲要》）明确了京津冀地区的整体定位、发展目标以及空间布局等问题。

《纲要》对京津冀地区的整体定位是建设"以首都为核心的世界级城市群"成为京津冀协同发展整体定位的核心内容。《纲要》对三省市的定位分别为，北京市是"全国政治中心、文化中心、国际交往中心、科技创新中心"；天津市是"全国先进制造研发基地、北方国际航运核心区、金融创新运营示范区、改革开放先行区"；河北省是"全国现代商贸物流重要基地、产业转型升级试验区、新型城镇化与城乡统筹示范区、京津冀生态环境支撑区"。

《纲要》提出京津冀协同发展的目标：到 2017 年，有序疏解北京非首都功能，在现实急需、具备条件、取得共识的交通一体化、生态环境保护、产业升级转移等重点领域率先取得突破，深化改革、创新驱动、试点示范有序推进，协同发展取得显著成效。中期到 2020 年，北京市常住人口控制在 2300 万以内，北京"大城市病"等突出问题得到缓解；区域一体化交通网络基本形成，生态环境质量得到有效改善，产业联动发展取得重大进展。公共服务共建共享取得积极成效，协同发展机制有效运转，区域内发展差距趋于缩小，初步形成京津冀协同发展、互利共赢的新局面。远期到 2030 年，首都核心功能更加优化，京津冀区域一体化格局基本形成，区域经济结构更加合理，生态环境质量总体良好，公共服务水平趋于均衡，成为具有较强国际竞争力和影响力的重要区域，在引领和支撑全国经济社会发展中发挥更大作用。

在区域发展的空间布局上，《纲要》确定了"功能互补、区域联动、轴向集聚、节点支撑"的布局思路，明确了以"一核、双城、三轴、四区、多节点"为骨架,推动北京非首都功能有序疏解,构建以重要城市为支点,以战略性功能区平台为载体,以交通干线、生态廊道为纽带的网络形空间格局。

加快形成定位清晰、分工合理、功能完善、生态宜居的现代城镇体系,走出一条绿色低碳智能的新型城镇化道路。

二 天津市"一基地三区"的城市定位

1. 天津城市定位的演变

随着国内外经济社会发展形势的变化,以及天津城市自身的经济社会发展水平的提升,天津的城市定位也在不断变化。

1986年,《国务院关于天津市城市总体规划方案的批复》中指出,"天津应当成为拥有先进技术的综合性工业基地,开放型、多功能的经济中心和现代化的港口城市"。综合性工业基地、多功能经济中心和现代化港口城市是20世纪末国家对天津市的城市定位。

2006年,《国务院关于天津市城市总体规划的批复》中指出,"天津市是我国直辖市之一,环渤海地区的经济中心。天津市的发展建设,要按照经济、社会、人口、资源和环境相协调的可持续发展战略,以滨海新区的发展为重点,不断增强城市功能,充分发挥中心城市作用,将天津市逐步建设成为经济繁荣、社会文明、科教发达、设施完善、环境优美的国际港口城市,北方经济中心和生态城市"。国际港口城市、北方经济中心和生态城市是京津冀协同发展战略提出之前国家对天津的城市定位。

《天津市城市总体规划(2005~2020年)》确定天津的城市职能为:(1)现代制造和研发成果转化基地。天津充分利用其得天独厚的滨海天然优势、特殊的水陆交通枢纽地位、雄厚的工业基础和科研力量,建设成以高新技术产业和现代制造业为主的现代制造和研发成果转化基地。(2)我国北方国际航运中心和国际物流中心,区域性综合交通枢纽和现代服务中心。构筑海陆空一体化的交通网络，使天津成为连通国际和区域（华北、东北、西北、华东地区）的客货运综合交通枢纽。综合利用枢纽型基础设施，优化物流基地布局，培育仓储、加工、运输、信息、服务相互融合的现代物流业，使天津成为面向区域物流供应链的中心节点，承担我国北方国际物流中心的职能。加强金融、商贸、会展、科技、信息、文化教育等服务业的发展，使天津成为信息汇集，各类传媒业发达，商贸兴旺，科研、文化、医疗机构和人才集中的区域性服务中心。（3）以近代史迹为特点的国家历史文化名城和旅游城市。保持和发扬天津传统的津派文化，强化以近代史迹为主要特点的国家级历史文化名城和旅游城市的地位。（4）生态环境良好的宜居城市。充分利用天津市山、河、湖、海共生，湿地众多等丰富的自然资源，建立生态型城市，增强城市自然环境的优美度、人工环境的舒适度和优美度，提供良好的人居环境，创造良好的就业环境，使天津成为市民和国内外旅居者共同拥有的美好家园。

2015 年，《京津冀协同发展规划纲要》对天津市的城市定位做了最新界定，定位为一个基地三个区，即全国先进制造研发基地，北方国际航运核心区、金融创新运营示范区、改革开放先行区。天津城市新定位是把天津发展放到京津冀协同发展的大局中、放到建设世界级城市群发展战略中去谋划确定，体现了党中央、国务院对天津发展的高度重视和充分信任，反映了对天津比较优势、城市功能、发展方向的深刻把握，明确了天津承担的历史任务，赋予天津更大的责任和更多的期望。

2. 天津城市新定位的内涵

2015 年 9 月 15 日，天津市委十届七次全会审议通过《天津市贯彻落实〈京津冀协同发展规划纲要〉实施方案（2015～2020 年）》（以下简称《方案》），明确了天津市贯彻落实《京津冀协同发展纲要》的指导原则、功能定位、发展目标和重点任务。《方案》对天津市新的城市功能定位的内涵进行了阐释。

（1）全国先进制造研发基地。天津依托制造业基础雄厚、研发成果转化能力强的优势，发挥国家自主创新示范区的引领作用，承接首都产业转移，支持河北转型升级，构建结构优化、布局合理、特色鲜明的产业体系，打造研发制造能力强大、产业链占据高端、辐射带动作用显著的先进制造研发基地。

（2）北方国际航运核心区。充分发挥天津作为中蒙俄经济走廊重要节点、海上丝绸之路战略支点和亚欧大陆桥桥头堡的区位优势，提升海空两港枢纽功能，构建海陆空立体化交通网络，建设现代化集疏运体系和航运服务体系，打造航运基础设施完善、航运服务功能优良、全球配置资源能力突出的国际航运核心区。

（3）金融创新运营示范区。借助首都优质金融资源，依托自贸试验区金融创新实践，集聚金融机构，创新传统金融，大力发展新型金融，做大做强要素市场和运营平台，集聚全球先进金融产品、工具和服务模式先行先试，服务京津冀实体经济发展，打造创新活跃、运营高效、环境优越的金融创新运营示范区。

（4）改革开放先行区。大力建设自贸试验区，全面推进滨海新区开发开放，深度融入"一带一路"建设，打造营商环境与国际接轨、投资贸易高度便利、示范引领作用强的改革开放先行区。

为推动实现四大功能定位，《方案》围绕上述四个方面做出重要部署。

在建设全国先进制造研发基地方面：瞄准世界先进水平，集聚全球高端要素，落实《中国制造2025》，实施"互联网＋"行动计划，着力促进产业结构优化升级，加快形成高端先进的主导产业集群，构建与之相适应的科技创新体系、生产服务体系、人才支撑体系，做强天津制造，打响天津品牌，提升天津质量，产业规模和技术水平位居全国前列，支撑和引领全国制造业发展。

在建设北方国际航运核心区方面：构建以海空两港为核心、轨道交通为骨干、多种运输方式有效衔接的海陆空立体化交通网络，全面提高航运服务辐射功能，建成连接国内外两个市场的重要通道、资源要素的重要枢纽。

在推进建设金融创新运营示范区方面：以全面提升金融创新运营能力、增强服务辐射功能、发挥引领示范作用为目标，推动金融机构、金融市场、金融工具及金融业务持续创新，促进各类金融要素集聚运营，形成对实体经济的强大支撑。

在推动建设改革开放先行区方面：大力推进滨海新区综合配套改革，高标准建设自贸试验区，加快形成与国际通行做法接轨的制度框架，深度融入"一带一路"战略，在更大范围、更广领域、更高层次上参与全球竞争合作，为全面深化改革扩大开放探索新路径、积累新经验，为国家试制度、为地方谋发展。

《方案》提出，到 2020 年，基本实现天津市功能定位。创新驱动转型升级取得明显成效，产业聚集度、研发转化能力、服务体系处于全国先进水平，先进制造业产值占全市工业总产值比重达到 70%，全社会研发经费支出占全市生产总值比重达到 3.5%。国际航运功能全面提升，形成区域一体化的立体交通网络，现代航运服务体系更加完善，港口集装箱吞吐量突破 2000 万标箱。金融创新运营能力显著增强，金融业增加值占全市生产总值比重达到 11%。自贸试验区改革取得重大突破，对外开放门户功能明显提升。生态环境质量得到有效改善，天更蓝、水更清、地更绿，PM2.5 年均浓度比 2013 年下降40%。承接非首都功能成效凸显，公共服务共建共享取得重大进展，协同发展的体制机制高效运转，在区域发展中的引领带动作用有效发挥。

2030 年，京津冀区域一体化格局基本确立，区域经济结构更加合理，生态环境质量总体良好，公共服务水平趋于均衡。天津市功能定位全面实现，成为产业创新引领高地、航运贸易国际枢纽、金融创新核心引擎、改革开放领军者，建成经济更加发达、社会更加和谐、文化更加繁荣、功能更加完善、环境更加优美的世界级城市。

第二节　天津的城市定位与国际化城市建设

一　京津冀世界级城市群与天津的国际化城市建设

随着经济全球化与区域一体化的发展，国家、区域之间的竞争越来越集中表现为城市之间的竞争，特别是具有一定国际影响力的大城市、特大城市之间的竞争。以城市群组织形式为代表的城镇密集区域，成为集聚国内乃至国际经济社会要素的巨大空间。目前，国际上已形成六大世界级城市群，分别是：以纽约为中心的美国东北部大西洋沿岸城市群、以芝加哥为中心的北美五大湖城市群、以东京为中心的日本太平洋沿岸城市群、以伦敦为中心的英国伦敦城市群、以巴黎为中心的欧洲西北部城市群以及以上海为中心的中国长江三角洲城市群。

以纽约为中心的美国东北部大西洋沿岸城市群，又名波士华城市群，包括波士顿、纽约、费城、巴尔的摩、华盛顿等大城市以及200多个市镇。形如带状，长约1000公里，宽50～200公里，面积13.8万平方公里，占美国总面积的1.5%。人口为6500万，占美国总人口的22.5%，城市化水平达到90%以上。

以芝加哥为中心的北美五大湖城市群位于五大湖沿岸，从芝加哥向东到底特律、克里夫兰、匹兹堡以及加拿大多伦多和蒙特利尔。北美五大湖城市群集中二十多个人口100万以上的特大城市，是北美地区重要的制造业区。该城市群与美国东北部的大西洋沿岸城市群共同构成了北美地区的城市群。

以东京为中心的日本太平洋沿岸城市群，又名东海道城市群。从东京湾的千叶开始，经东京、横滨、静冈、名古屋、大阪、神户直达北九州的长崎，呈条带状，从东北向西南延伸1000公里，其面积占日本总面积的6%。人口将近7000万，占日本总人口的61%。

以伦敦为中心的英国伦敦城市群，以伦敦—利物浦为轴线，由伦敦大城市经济圈、伯明翰城市经济圈、利物浦城市经济圈、曼彻斯特城市经济圈、利兹城市经济圈组成，面积4.5万平方公里，占英国国土面积的18.4%，人口3665万，占英国总人口的62.7%，该城市群集中了英国经济总量的80%。

以巴黎为中心的欧洲西北部城市群，主要城市有巴黎、阿姆斯特丹、鹿特丹、海牙、安特卫普、布鲁塞尔、科隆等。它们地跨法国、荷兰、比利时、卢森堡、德国。总面积为14.5万平方公里，总人口4600万。其中，人口达到10万以上的城市有40座。

以上海为中心的中国长江三角洲城市群，包括上海市以及江苏（南京、苏州、无锡、常州、镇江、南通、扬州、泰州、盐城、淮安、连云港、宿迁、徐州），浙江（杭州、宁波、温州、嘉兴、湖州、绍兴、金华、衢州、舟山、台州、丽水）全境和安徽的合肥、马鞍山、芜湖、滁州以及淮南共30个市，面积约30万平方公里，人口超过1.7亿。长三角是中国经济发展最活跃的地区之一，仅占全国2.1%的土地面积，却集中了全国1/4的经济总量和1/4以上的工业增加值，被视为中国经济发展的重要引擎，是中国经济最发达的地区。

一般认为，世界级城市群具备四个方面的特征：①具有全球中枢职能，世界级城市群通常是一个国家最重要的经济核心区和发展中枢，是其所在国家与世界市场沟通和联系的最主要纽带，发挥着全球中枢职能的作用；②具有高端化和分工明确的现代产业体系，世界级城市群通常建立在内部严密组织和分工协作的基础上，城市群内的各城市通过密切的社会经济文化联系构成一个系统化的整体，从而使城市群的综合功能远大于单个城市功能的简单叠加；③拥有高度发达的城际交通网络，与普通的城市群相比，世界级城市群中各城市之间经济往来更加密切，人口流动也更加频繁，传统的交通方式难以满足城市间交流和往来的高要求；④拥有健全的城市群协调机制，世界级城市群基于完善的市场机制形成城市群协调机制，实现发展要素、产业、基础设施、教育医疗、环境保护的高效供给和分配，促进城市群一体化发展进程。

戈特曼认为，成熟的世界级城市群应具备以下条件：①区域内城市密集；②拥有一个或几个国际性城市，如美国大西洋沿岸城市群的纽约、五大湖城市群的芝加哥，日本太平洋沿岸城市群的东京、大阪，英国伦敦城市群的伦敦，欧洲西北部城市群的巴黎等；③多个都市区连绵，相互之间有较明确的分工和密切的社会经济联系，共同组成一个有机的整体，具备整体优势；④拥有一个或几个国际贸易中转大港（如纽约港、横滨港、神户港、伦敦港、鹿特丹港、上海港）、国际航空港及信息港作为城市群对外联系的枢纽，同时区域内拥有由高速公路、高速铁路等现代化交通设施组成的发达、便捷的交通网络。这一交通网络是城市群内外巨大规模社会经济联系的支撑系统；⑤总体规模大，城镇人口至少达到 2500 万；⑥是国家经济的核心区域。例如，日本太平洋沿岸城市群以不到全国 1/7 的国土面积集聚了全国 50% 的人口和 58% 的经济产出。

《京津冀协同发展规划纲要》提出要建设"以首都为核心的世界级城市群"，北京将建设成为国际城市，成为京津冀世界级城市群的核心。但《京津冀协同发展规划纲要》同时指出，北京、天津是京津冀协同发展的主要引擎，要进一步强化京津联动，全方位拓展合作广度和深度，加快实现同城化发展，共同发挥高端引领和辐射带动作用。因此，天津要充分发挥主要引擎的作用，实现与北京同城化发展，天津也需要保持与北京相协调的国际化开放水平。另外，天津还承担着京津冀世界级城市群核心港口城市的功能，这同样需要天津加快推进国际化城市建设。因此，加快国际化城市建设，把天津打造成为东北亚乃至全世界有影响力的国际化城市和我国北方国际航运核心区，有助于京津冀地区世界级城市群的早日形成。

二 国际化城市的内涵及国际化城市建设的内容

1. 国际化城市的内涵

（1）国际化城市的定义。关于国际化城市的定义，目前尚无统一的界定。不同学者有不同的观点。

观点一：国际化城市可以从4个方面表述：①国际化城市是达到一定国际化程度的城市，在投资、贸易、商业等方面有广泛的国际联系；②国际化城市是具有一定的世界性或区域性影响力及国际竞争力的城市；③国际化城市是一个现代化的城市，城市规划、管理及社会各方面达到国际先进水平，具有良好的基础设施，居民生活品质较高；④国际化城市是一个开放的、社会与文化高度国际化的城市，有广泛的包容性，能包容多元文化，有不少不同国籍、种族的居民。

观点二：国际化城市，是指城市经济、社会、文化的发展与国际经济、社会、文化发展紧密联系与融合，集中表现在：①城市职能国际化，城市经济发展从地区分工走向国际分工，加入国际经济循环；②城市运行机制与运行方式的国际化，城市各类活动的组织结构、管理体制、调控机制、运作方式等与国际社会通行惯例相协调、兼容或对接；③城市运行环境国际化，城市各种社会服务、物质设施及城市规划布局，以及城市居民的思想、文化素质及行为规范，具有国际开放性和符合国际化标准。

观点三：国际化城市，是指在政治、经济、社会、文化等方面具有较高国际化水平的城市。

观点四：国际化城市是指在人、财、物、信息和整体文化方面进行的跨国交流活动不断增加，其辐射力和吸引力影响国外的城市。它的特征是城市功能国际化，城市社会和经济运行机制国际化，城市产业结构国际化、城市法规和管理国际化，城市居民具有国际化素质并受过良好的国际化教育。

观点五：国际化城市是指这一类城市，政治、经济、贸易、金融具有强大的辐射作用，超出本国的辐射半径；它的运行经常会产生某种有利于文明进步的新趋势和新机制或是能够迅速接受这种新趋势和新机制；它的基础设施是一流的、现代化的；它的社会发展稳定、有序、健康、迅速；它的法规和管理方法接近国际惯例或与国际惯例通行；它与其他地区和国家的人员双向往来频繁；它一般产生在世界经济发达地区并具有优越的地理位置；它的第三产业是发达的，就业于第三产业的人口比重为60%以上。

尽管上述观点对国际化城市的界定有不同侧重点，但综合来看，国际化城市应具有如下主要特征：①城市发展的现代化水平较高，包括有完善的基础设施、较强的经济实力、居民生活品质较高、良好的人文和自然生态环境等；②对外开放水平较高，积极参与国际分工和国际交流，在投资、贸易、商业、文化交流、人员往来等方面与其他国家、地区和城市有广泛联系，具有一定世界性或区域性影响力及国际竞争力；③城市运行机制、运行方式和运行环境与国际通行标准和惯例相适应，城市具有广泛的包容性，能包容多元文化。

（2）国际城市、世界城市与全球城市。国际城市是国际化城市发展到一定阶段的产物，是国际化水平较高的城市。国际城市是具有全球影响力的大城市，其规模一般较大，功能相对综合，城市经济基础雄厚，在生产、流通、消费及科技、文化服务领域乃至国际政治等诸多方面具有明显的国际地位；国际城市的开放水平很高，它既是国际资本和各国商品的集散中心，也是国内、国际经济的最佳结合点，同时又是国际政治、经济、科技、信息、文化的交流中心。

Friedmann 提出国际城市的 5 个主要特征：①国际城市是全球经济体系的连接点，各区域经济通过国际城市的连接而成为一个有机整体；②国际城市是全球资本的汇聚地，但由于不同的政治制度、经济规模、城市规模及国际政治的影响，国际城市对全球资本的汇聚规模远小于全球资本的总规模；③国际城市包括范围较为广泛的城市地带，国际城市的经济与社会的互动程度非常高；④根据国际城市的经济规模及其所控制的经济实力，国际城市可以划分为区域性的国际城市、国家级的国际城市或世界级的国际城市，国际城市控制全球资本的能力最终决定国际城市的等级，而它们对诸如技术创新、政治变革等外界冲击的消化能力，也对其在国际城市体系中的等级排序有重要影响；⑤国际城市的发展基本上掌握在跨国资本家的手里。

在现有国际城市体系中，世界城市和全球城市是两个经常被提及的概念。

世界城市（world city）的概念由苏格兰城市规划家帕特里克·格迪斯（Patrick Geddes）在 1915 年提出。然而，在帕特里克·格迪斯的著作中，世界城市的含义不是完全清晰的。世界城市的概念后来由彼得·霍尔（Peter Hall）在 1966 年做了经典性的解释，即世界城市是指拥有管理与指挥世界上相当大比例的重要商业事务能力的某些大城市。世界城市是国家与国际的政治中心；国际贸易中心；银行、保险以及相关金融服务业中心；医药、法律、高级学习、科学知识的技术应用等高级职业中心；通过出版与大众传媒进行信息收集与传播的中心；艺术、娱乐、文化以及相关活动的中心。约翰·弗里德曼（John Friedmann）和高兹·威尔弗（Goetz Wolff）在 1982 年重新定义了世界城市。他们认为，世界城市是世界经济全球化的产物，是全球经济控制中心。

J. 弗里德曼提出了衡量世界城市的七个指标：①主要的世界金

融中心；②跨国公司总部所在地；③国际性机构的集中度；④商业部门（第三产业）的高度增长；⑤主要的制造业中心（具有国际意义的加工工业等）；⑥世界交通的重要枢纽（尤其指港口与国际航空港）；⑦城市人口规模达到一定标准。

与世界城市含义相近的又一种提法是全球城市（Global City）。基于全球化的迅猛发展，1981年，美国经济学家科恩（R. B. Cohen）在《新的国际劳动分工、跨国公司和城市等级体系》一文中，首次使用"全球城市"一词。科恩认为，全球城市是作为新的国际劳动分工的协调和控制中心而出现的。这表明全球城市与世界城市的内涵是一致的，对此弗里德曼也持同样观点。美国经济学家丝奇雅·沙森（Saskia Sassen）在2001年对全球城市的理论模型做了完整的描述。她用七个假设阐述了全球城市的内涵：①标志着全球化的经济活动地理分散性，同时伴随着这样的地理分散活动一体化，是催生跨国公司中心功能的关键因素；②这些中心功能变得如此复杂，以至于越来越多的跨国大公司总部采取外包的战略；③那些在最复杂与全球化市场中接受外包的专业服务公司受到集聚经济的限制，它们必须聚集在一起以减少不确定性，因此，城市就像一个不可复制的信息环；④跨国公司总部把复杂与非标准化的功能外包后，它在选址上便较为自由，但仍受到基础设施条件的限制；⑤专业服务公司通过提供全球服务，通过公司的分支机构和其他形式的合作关系，构建了全球城市网络；⑥全球城市既有高级专业人员及高级专业服务公司，又有低收入群体，因而存在着社会与收入的不平等；⑦全球城市拥有高度信息化的经济活动，服务业信息化是城市谋求生存的途径。

2. 国际化城市建设的内容

国际化城市建设，就是推动城市在人、财、物、信息及整体文化等方面进行跨国界的相互往来与交流活动不断增加，促使城市的辐射力、吸引力影响国外的过程以及国际化城市的形成过程。国际化城市建设的主要内容包括以下方面。

（1）金融国际化，即在金融行业无差别非歧视性原则诱导下，按金融国际惯例和基本程序实施公平竞争，达到金融机构和业务中心集聚并向外发展、开拓和延伸。同时使保险、证券等金融行业同步发展，并使银行资本流动与汇兑业务自由化，形成金融大系统的良性循环。

（2）贸易国际化。在与国际市场密切协调相连的基础上，形成完整的统一大市场。其中中介贸易在贸易总量中具有举足轻重的地位，多边复式贸易日益增加，无形贸易（如信息、专利、技术、商标）不断开拓，比重日趋提高。同时，具有国际影响力的商交会、博览会、招商会、洽谈会定期召开。

（3）生产国际化。在参与国际产业分工和合作基础上实施社会化大生产，并使其产品市场向多元化、全天候、国际化方向发展，同时，使生产流程与质量、技术标准走向国际化，或至少采用能被国际社会认可的标准，从而使产业的至少某一方面具有一定的国际竞争力，并在世界经济大系统中产生一定影响。

（4）信息国际化，即在以经济为核心的综合信息资源独立成网并与国际计算机网络并网运作前提下，使地域网和空间网相融合，有线网与无线网互补，实现信息资源的存储、转换、加工、反馈的现代化和迅捷化，并使信息资源商品化，作为生产要素融入世界经济大循环。

（5）科技国际化。首先是科技成果完全商品化，使科技成果在商品化过程中体现其社会性和实用性价值。其次是使科学技术有专利而无国界，使知识产权受到法律保障和社会尊重。再次是实现科学技术的国际水平分工和合作开发，实现科技共同进步。

（6）产业国际化。第三产业的高度化使国际化城市的金融、保险、商贸、会计、广告、法律、信息等行业比较发达，交通、运输、通信、网络咨询等设施齐全，各种服务行业都能提供高效，准确、便捷、舒适的服务。同时具有与国际交往相匹配的行政构架及管理体制，从而保障物资流、资金流、技术流、信息流的顺畅。

（7）开放国际化。国际化城市的社会经济对众多的国家和地区开放，对外贸易和资本国际往来在城市 GDP 中占较大比重，国际交往人员往来频繁，出入境手续简便，经济体制和运行机制与国际经济体系兼容，是国际政治、经济、文化、旅游等活动的优选场所。

三 国际化城市建设与天津城市定位的关系

1. 天津城市定位需要推进国际化城市建设

建设全国先进制造研发基地，就是以先进制造为支撑、科技创新为动力、研发转化为先导，突破新技术、发展新产业、引领新制造、培育新业态、创造新模式，形成高端先进的主导产业集群，以及与之相适应的科技创新体系、生产服务体系、人才支撑体系。为了实现上述目标，天津需要保持较高水平的对外开放，以便更好地追随全球制造业发展的新趋势，包括生产手段、发展模式、组织方式、发展格局的创新等，通过集聚全球高端要素，共同推进先进制造研发基地的建设。

建设北方国际航运核心区，就是要充分发挥天津的区位优势，提升国际航运与物流枢纽功能。打造北方国际航运核心区必然要求天津保持高水平的对外开放，拥有国际化的航运基础设施和服务水平。

建设金融创新运营示范区，是对城市定位和功能的高端匹配，也是国际化城市内在能力的需求。如果没有国际化的运营体制、机制和服务模式，天津就难以实现对全球先进金融产品、工具和服务模式的先行先试。

建设改革开放先行区就是要以开放促改革、促发展、促转型，着力构建开放型经济新体制，增创对外开放新优势。建设改革开放先行区实际上成为推动城市国际化的重要推手和主要动力。

2. 国际化城市建设推动天津实现城市定位

推动国际化城市建设有助于天津加快实现城市定位。城市国际化过程，是不断增强其参与国际产业分工的能力，不断扩大与国际交流的领域，不断规范城市的管理体系与公共治理，不断优化城市空间环境，不断提升城市文化生活的普适性，不断加大在经贸合作、项目建设、文化交流、旅游资源等方面的开放力度的过程，也是城市功能的国际化水平不断提高和城市的国际知名度不断提高的过程。加快国际化城市建设，有利于天津提升其在国内和国际城市体系中的地位，使其更加有效地吸纳和配置全球资源，抢占市场竞争的制高点，为天津更广泛地参与国际分工、进一步优化经济结构、实现产业升级，带来更好的机遇。国际化所带来的对外经济技术合作的加强，使天津可以更好地利用国外资源、市场、资本、技术以及管理模式，进一步拓展发展的空间。加快国际化城市建设，通过金融国际化、贸易国际化、生产国际化、信息国际化、科技国际化、产业国际化以及开放国际化，助推天津更早建成全国先进制造研发基地、北方国际航运核心区、金融创新运营示范区以及改革开放先行区，实现天津的城市定位。

第三节　天津国际化城市建设水平测评及现状分析

一　天津国际化城市建设水平测评

1. 国际化城市评价体系

国际上具有较大影响力的城市国际化水平评价体系主要有伊斯坦布尔世界城市年会城市国际化指标、全球城市指数以及世界级城市名册等。

（1）伊斯坦布尔世界城市年会城市国际化指标。1996 年，在联合国伊斯坦布尔世界城市年会上提出了城市国际化指标体系，包括"总体经济实力、国际化程度要素、基础设施要素、人文环境要素、政府作用要素"等 17 个评估指标，具体指标及评价标准参见表 2-1。

表 2-1　伊斯坦布尔世界城市年会城市国际化指标体系
及天津的指标对比

序号	指标名称	初级	中级	高级	天津市国际化指标取值
	伊斯坦布尔世界城市年会城市国际化评价指标及标准				
1	人均 GDP(美元)	5000	10000	20000	17334
2	人均可支配收入(美元)	4000	7000	15000	5475
3	第三产业增加值占 GDP 的比重(%)	60	68	73	52.2
4	非农业劳动力比例(%)	75	80	85	92.6
5	人均电力消费量(千瓦时)	2000	3000	4000	5502
6	人均公共绿地面积(平方米)	9	14	16	6.95
7	每万人拥有乘用车数量(辆)	1000	1500	2000	1579
8	每万人拥有电话数(部)	3000	4000	5000	11310
9	地铁运营里程(千米)	200	300	400	139.1
10	常住外籍人口占本地人口的比重(%)	6	10	20	—
11	入境旅游人数占本地人口的比重(%)	40	70	100	21.04
12	市民运用英语交流的普及率(%)	40	60	80	—
13	国际主要货币通兑率(%)	100	100	100	100
14	出口额占 GDP 的比重(%)	40	60	100	37.26
15	进口额占 GDP 的比重(%)	30	50	80	33.01
16	外汇市场交易量(亿美元)	150	300	600	387.25
17	外商直接投资占本地投资比重(%)	10	20	30	12.01

注："—"为缺失值。
资料来源：《天津统计年鉴 2016》；全球城市指数结果。

（2）全球城市指数。全球城市指数（GCI-Global Cities Index）由美国《外交政策》杂志与全球管理咨询公司科尔尼公司、芝加哥全

球事务委员会联合发布。从商业活动、人力资源、信息交流、文化体
验及政治参与等五个领域选择评价指标用于反映城市国际化水平。商
业活动方面考察大型跨国公司总部数、顶级商务服务公司数、城市资
本市场发展、国际会议数以及货物进出口总额等；人力资源方面考察
外籍人口数、大学质量、国际学校数量、外国留学生数量、城市居民
接受高等教育比重等；信息交流方面考察电视新闻频道的可获得性、
互联网接入水平、国际新闻机构数量、言论自由水平以及宽带速度
等；文化体验方面考察城市举办大型运动会数量、博物馆数量、艺术
表演场所、饮食多样性、国际旅游者数量以及友好城市数量等；政治
参与方面考察外国使馆与领事馆数量、主要智库、国际组织数量以及
组织政治会议数量等。采用主观赋权重的方法，通过对上述指标的统
计数据进行处理，得到城市的全球化指数取值及其排名。

（3）世界级城市名册。世界级城市名册（GaWC-Globalization
and World Cities）是全球化与世界级城市研究小组与网络为界定世界
级城市构建的评价体系。该体系基于跨国公司"高级生产者服务业"
供应水平为城市排名，涉及的服务业主要是会计、广告、金融和法律
四个方面。GaWC 的名册确认了世界级城市的 3 个级别及数个副排
名，三个级别分别是 Alpha 级、Beta 级和 Gamma 级，每个级别下再
分不同的类别。

（4）国内国际化城市评价现状。国内已有不少学者在探讨城市
国际化发展水平评价指标体系的构建问题；并且有少数城市通过与科
研机构和高校合作，建立了用于评价和监测自身国际化发展水平的指
标体系，成都从 2013 年开始，每年发布成都市"国际化水平"统计
监测报告，深圳于 2014 年 2 月正式公布"深圳市国际化城市建设指
标体系"。

但总的来说，国内目前尚无公认的、具有较大影响力的城市国际
化水平评价体系。由国家发改委国际合作中心推出的中国城市对外开

放指数具有一定影响力。该指数选取了 48 项指标，具体包括经济开放度、技术开放度、社会开放度等 3 个一级指标，贸易往来、人员交往、要素流动等 9 个二级指标以及金融机构外币存款占比、外商直接投资新签合同数等 36 个三级指标。为了更好地推动城市国际化发展，通过与相关研究机构和大学合作，成都、深圳等少数城市在吸收国内外相关指数编制经验基础上，建立并实际运行了用于反映自身国际化城市建设状况的测评指标体系。比如深圳国际化城市建设指标体系包含经济开放、创新文化、宜居宜业和国际影响等四个一级指标，以及服务贸易进出口总额占 GDP 比重、国际学术会议举办数、人均公共绿地面积以及国际组织总部数等 25 个三级指标。

2. 天津国际化城市发展水平测评

（1）伊斯坦布尔世界城市年会城市国际化指标测评。依据伊斯坦布尔世界城市年会城市国际化指标体系，利用天津市 2015 年的相关数据对天津国际化城市发展水平的测评结果参见表 2－1。

在指标测算时，从《天津统计年鉴 2016》中尽量选择与评价指标体系相关性较高的指标，其中：人均可支配收入采用城镇居民家庭人均可支配收入；非农业劳动力比例 ＝ 第一产业从业人员数/全体从业人员数；人均电力消费量 ＝ 电力消耗/常住人口；人均公共绿地面积 ＝ 城市绿地面积/城镇常住人口；每万人拥有乘用车数量 ＝ 民用汽车中载客汽车数量/常住人口；每万人拥有电话数采用每万人拥有电话数（含移动）；地铁运营里程 ＝ 地铁运营线路长度 ＋ 轻轨运营线路长度；入境旅游人数占本地人口的比重 ＝ 接待入境旅游人数/常住人口；外汇市场交易量 ＝ 中外资机构外汇存贷款余额；外商直接投资占本地投资比重 ＝ 外商直接投资/地方全社会固定资产投资。由于未能获得"常住外籍人口数"和"市民运用英语交流的普及率"的数据，因此仅有 15 个指标的测评结果。

测评结果表明，在剩余的 15 个指标中，指标取值达到或超过初级标准的指标有 10 个, 占测评指标总数的 66.67%; 指标取值达到或超过中级标准的指标有 7 个, 占测评指标总数的 46.67%; 指标取值达到或超出高级标准的指标有 4 个, 占测评指标总数的 26.67%。

表 2-2 和表 2-3 分别反映了中国(包括港澳台地区)主要城市在全球城市指数和全球城市展望指数上的排名情况。整体上看,除了北上广深等一线城市,天津城市国际化水平在二线城市中处于前列。

表 2-2 2008~2016 年中国主要城市全球城市指数排名

年份	2008	2010	2012	2014	2015	2016
香港	5	5	5	5	5	5
北京	12	15	14	15	9	9
上海	20	21	21	26	21	20
台北	34	39	40	45	44	43
广州	52	57	60	75	71	71
深圳	54	62	65	96	84	83
南京	—	—	—	—	92	86
天津	—	—	—	—	102	94
成都	—	—	—	—	96	96
武汉	—	—	—	—	104	107
大连	—	—	—	—	110	108
苏州	—	—	—	—	105	109
青岛	—	—	—	—	112	110
重庆	—	—	—	—	114	113
西安	—	—	—	—	115	114
杭州	—	—	—	—	113	115

注:"—"为缺失值。
资料来源:A·T·Keamey Global Cities 2016.

表 2 - 3　2015～2016 年中国主要城市全球城市展望指数排名

年份	2015	2016
台北	28	23
北京	45	42
深圳	50	50
香港	53	57
苏州	56	59
南京	64	60
天津	55	61
上海	65	63
武汉	63	68
杭州	74	69
成都	72	75
广州	72	78
大连	79	79
西安	81	85
重庆	91	90
青岛	84	92

资料来源：全球城市指数结果，2015～2016。

（2）世界级城市名册测评。世界级城市名册的测评结果表明，在 2014 年 GaWC 世界级城市名册中，天津市处于第三级第三类（Gamma - 级），在等级排名上超过天津的国内城市有上海、北京、广州和深圳，其中上海、北京为第一级第二类（Alpha + 级），广州为第二级第一类（Beta + 级），深圳为第二级第三类（Beta - 级）。

（3）中国区域对外开放指数测评。国家发改委国际合作中心发布的 2012 年中国区域对外开放指数表明，在全国 31 个省、自治区、直辖市中，天津市对外开放指数排名第 4 位，位列上海、北京市和广东省之后。

二　天津国际化城市发展现状分析

综合上述各个评价体系的测评结果可知，与国内其他区域和城市相比，天津市对外开放水平和国际化水平处于国内前列；但从国际视角来看，天津市城市国际化水平在全球国际城市坐标体系中尚处于中级国际化城市的初期发展阶段。

天津国际化城市建设中存在的不足主要表现在以下几方面。

第一，国际化总体水平与世界先进城市存在较大差距。总体来看，天津当前的城市国际化水平与世界先进城市相比还有相当大的差距。在全球国际城市划分体系中，天津尚处于全球国际城市体系中的中等偏下的位置，与纽约、伦敦、东京等最高级别的世界城市距离较大，与新加坡、中国香港等次一级的国际城市和国内北京、上海等城市也有较大差距。在国际化发展浪潮的引领下，北京、上海等国内城市的国际化发展速度较快且成绩斐然，两市在全球国际城市体系中处于较高级别并逐步走向国际城市发展的较高行列，天津与其距离在逐渐拉大。在我国当前进一步加大对外开放背景下，充分利用城市国际化发展资源，提高在全球城市网络中的节点价值，促进城市能级的不断提升，是天津推进城市国际化发展的必然选择。

第二，推进城市国际化的总体经济实力需要进一步提高。具有雄厚的经济实力是城市国际化的前提和基础。包括拥有相当大的经济总量，人均生产总值达到相当高的水平，后工业化经济结构明显，现代服务业发达等。受益于经济快速增长，天津市经济总量规模与较高能级国际化城市的差距在逐步缩小。2010 年，北京和上海的 GDP 分别是天津的 1.53 倍和 1.86 倍；2014 年，这两个数据已分别缩小至 1.35 倍和 1.49 倍。2014 年，按美元计算的天津市 GDP 达到 2560.22 亿美元，香港地区为 2908.96 亿美元，新加坡为 3078.72 亿美元，天津与香港地区和新加坡在经济总量上的差距正在缩小。但从经济结构上看，天津市与较高能级国际化城市的差距还是很大。2014 年，天津市第三产业增加值占 GDP 的比重为 49.3%，远低于国际化城市 60% 的初级标准；北京和上海的第三产业比重分别为 77.95% 和 64.82%，远高于天津。加快经济结构调整，大力发展现代服务业是天津市推进城市国际化建设的重要内容。

第三，建设国际化城市的国际化要素发展水平需要提升。国际化城市对世界经济具有较高的参与度和较大影响力，是国际货物贸易和资本交易发生的主要节点。从天津当前发展水平来看，其国际化要素发展水平较低。在货物贸易方面，2014 年天津本地产品出口额占 GDP 的比重仅为 42.89%，刚刚超过国际化城市初级阶段 40% 的标准；2014 年，天津的外贸依存度为 62.83%，而北京、上海和深圳分别为 119.67%、121.62% 和 187.24%，都远高于天津，这反映出天津与世界市场的联系程度、对世界市场的依赖程度与上述城市相比相对较低。在资本交易方面，2014 年天津外商直接投资占本地投资的比重仅为 12.03%，仅超过国际化城市初级阶段 10% 的标准 2 个百分点，反映出天津金融国际化水平较低，城市金融资本国际影响力不足。

第四，对外交流国际化职能有待加强。国际城市是国际交往中心，国际交流活动频繁，国际交往人口规模庞大。在城市对外交往方面，由于天津紧邻北京，天津的外国使领馆数量要明显少于北京、上海和广州等地，尤其是在常驻境外媒体方面天津与上述城市有较大差距；在友好城市数量方面天津与上述城市也有一定差距。在国际性人口流动方面，国际性大都市入境旅游人口占本地人口比重应高于 40%，而天津 2014 年仅为 29.13%，表明天津在人员流动方面尚未具备高能级国际城市强大的吸引力和包容性。在国际组织总部入驻方面，天津目前尚无国际组织入驻；在举办国际会议上，除了夏季达沃斯论坛外，在天津举办的国际会议、展览不仅数量较少，而且规模和影响力也较小。

第四节　全力推进天津国际化城市建设

一　推进国际化城市建设的规划指引

伴随着经济全球化的突飞猛进、科学技术的日新月异，城市在国家及全球的地位更加重要，成为在国际竞争背景下直接参与国际经济活动的基本单位，城市的发展成为区域与国家发展的主要引擎。城市之间的竞争，从国内走向国际，并且日益激烈。因此，经济全球化和科技信息化为城市国际化和城市竞争力的提升创造了条件。在全球一体化加速推进的背景下，要保持城市永续发展、持续繁荣，就要不断提升其竞争力，提升其在世界城市体系中的地位，规避被边缘化的风险。城市国际化是提升城市竞争力的最有力的锐器之一，因为只有提高城市的国际化水平，才能更多、更好地利用全球资源、要素和市场，充分发挥城市在全球范围内的比较优势和竞争优势。不仅如此，城市国际化使城市主体在参与全球范围的竞争和合作中，不断提升自身的素质和水平，也深入地影响当地的需求，包括改善当地需求规模、结构，并提升层次；城市国际化通过全球市场的基础性作用，也可以优化城市资源、要素、产业的聚集格局，创造良好的外部经济环境；城市国际化使城市在学习、借鉴、竞争与合作的过程中，不断创新、优化和完善城市的公共制度。总之，城市国际化不仅可以直接提升城市的竞争力，而且通过改善主体素质、优化结构、扩大供给、刺激需求等多种路径和机制，使城市创造财富、为居民提供福利的能力及竞争力不断提升。

从国内来看，为了适应国际政治经济新的发展趋势，拓展我国对外开放的广度和深度，实现由开放促改革，推动经济发展模式转变，我国对外开放模式应由强调开发区建设转向强调国际化城市建设，区域间的对外开放竞争将由开发区建设竞争转向国际化城市建设竞争。在经济开放模式由开发区带动上升为由建设国际化城市引领的新形势下，在国际化城市建设方面处于领先地位的城市在未来将有更强的竞争力，在推进城市持续发展、繁荣方面抢占先机。

近年来，国内不少城市都先后出台了推进国际化城市建设的发展规划，就是为了在新一轮对外开放中抢占先机。

深圳市早在 2011 年 4 月就颁布实施《推进国际化城市建设行动纲要》，提出深圳国际化城市建设的目标，并从提高城市的经济辐射带动能力和国际竞争力、加快发展开放型经济、全面深化深港澳交流与合作、大力提升城市规划和管理水平等方面制定出 19 个行动计划推进国际化城市建设。

南京市在 2012 年 8 月颁布实施《加快推进城市国际化行动纲要（2012～2015 年）》，提出南京国际化城市建设的发展目标，确定加快推进经济国际化、加强国际化创新功能建设、加强国际化商务功能建设、加强国际化文化功能建设、加强国际化会展旅游功能建设、加强国际化人居功能建设等六方面是推进国际化城市建设的重点任务。

杭州市在 2015 年 5 月正式出台《加快推进城市国际化行动纲要（2015～2017 年）》，提出到 2017 年，杭州基本建立适应城市国际化的组织框架和制度体系，城市国际化水平得到显著提高，建成具有浓郁东方特色的现代化、国际化大都市，公共文明水平有较大幅度提升，初步建成具有浓郁东方特色的现代化、国际化大都市，成为长三角世界级城市群的明星城市。确定构筑四大平台、建设四大设施、营造四大环境的国际化城市建设重点发展任务。2016 年 7 月，杭州市委通过《关于全面提升杭州城市国际化水平的若干意见》，提出到 2020 年把杭州建设成为具有较高全球知名度的国际城市，2030 年建设成为特色彰显、具有较大影响力的世界名城。

　　为了更好地应对未来国内城市间的对外开放竞争，提升天津城市综合竞争力，天津非常有必要加快推出适合本市市情的城市国际化行动纲要。《京津冀协同发展规划纲要》对天津的城市定位是"全国先进制造研发基地、北方国际航运核心区、金融创新运营示范区、改革开放先行区"，依据这一定位，天津应加紧组织大学、研究机构以及政府相关部门开展国际化城市建设的规划工作，合理确定城市国际化的功能定位、发展目标、重点领域和主要任务以及保障措施，形成城市国际化建设行动纲要，加快天津城市国际化建设进程。

二　高水平自贸区建设带动城市国际化

1. 自贸区建设的关键前提

　　对自贸区特征以及自贸区与保税区差异的分析表明，建设高水平自贸区需要满足两个重要条件，即贸易自由和金融自由。贸易自由，是指货物只要不是去往东道国其他地区都无须报关，可以自由进出自贸区。金融自由，是指境外资金可以自由进出自贸区。显然，自贸区要真正实现贸易自由和金融自由，需要在自贸区和东道国其他地区之间实行严格的隔离墙制度，不仅包括完善的封关制度，也需要有完备的金融防火墙。没有隔离墙制度，货物和资金可以经由自贸区自由进出东道国，必然会扰乱东道国正常的经济和金融秩序。只有建立严格的隔离墙制度，自贸区才能真正实现"一线放开，二线管住，区内自由"的功能定位。因此，真正具有发展前途的自贸区除了交通便利外，还要满足封关也非常方便的条件，这是我国现阶段建设高水平自贸区的关键前提。当前，我国正在建设的四个自贸区整体上与高水平自贸区的标准都还相差很远，因为都还没有放开金融与报关管制。政策上难以实现突破的一个重要原因就在于，当前正在建设的自贸区难以满足整体封关运行的条件。由于没有实现整体封关运行和建立严格的隔离墙制度，因此对自贸区扩大开放会影响国内经济金融市场稳定的担忧制约了自贸区的进一步发展。

2. 天津建设高水平自贸区的优势

天津自贸区总面积 119.9 平方公里，涵盖三个片区：天津港片区（30 平方公里，含东疆保税港区 10 平方公里），天津机场片区（43.1 平方公里，含天津港保税区空港部分 1 平方公里和滨海新区综合保税区 1.96 平方公里），滨海新区中心商务片区（46.8 平方公里，含天津港保税区海港部分和保税物流园区 4 平方公里）。

天津自贸区的战略定位为，以制度创新为核心任务，以可复制、可推广为基本要求，努力成为京津冀协同发展高水平对外开放平台、全国改革开放先行区和制度创新试验田、面向世界的高水平自由贸易园区。

天津自贸区的总体目标是，经过三年至五年改革探索，将自贸实验区建成贸易自由、投资便利、高端产业集聚、金融服务完善、法制环境规范、监管高效便捷、辐射带动效应明显的国际一流自由贸易园区，在京津冀协同发展和中国经济转型发展中发挥示范引领作用。

天津打造高水平自贸区的优势条件主要表现在：①优越的地理位置和政策环境。天津地处太平洋西岸环渤海经济圈的中心，背靠华北、西北、东北地区，面向东北亚，是中国北方十几个省区市对外交往的重要通道，也是中国北方最大的港口城市。天津市同时承担京津冀协同发展和建设自贸区两大国家战略任务，拥有优越的政策环境。②对外开放水平较高。紧邻天津自贸区的天津经济技术开发区，其主要经济指标自 1997 年至今在全国国家级开发区中稳居首位，成为中国乃至亚太地区最具吸引力的投资区域。天津自贸区天津港片区内的东疆保税港区是国务院批准设立的功能最全、政策最优惠、开放度最高的保税港区。③便利的封关条件。在天津自贸区的三个功能区中，天津港片区拥有实行整体封关运行的便利条件。天津港片区是在浅海滩涂由人工围海造陆形成的三面环海半岛式港区，除了西北角与陆地相连以外，其他三面环海，封关十分便利。天津港片区要实行整体封关运行，就是把封关区域由保税港区扩大至整个东疆港片区，同时对相关的法律法规和管理制度进行必要的调整和完善。因此，与其他两个功能区相比，天津港片区有实行整体封关运行的优势。④良好的封关管理经验和人员储备。东疆保税港区自 2007 年首期封关运作以来，建立了较为完善的封关管理制度，积累了丰富的封关管理经验，培养了一大批封关管理人员，为天津自贸区天津港片区整体封关运行奠定了良好的发展基础。

3. 天津建设高水平自贸区的策略

天津要建设高水平自贸区，一个可行的策略是对天津港片区实行整体封关运行，把天津港片区打造成具有更高开放水平的自贸区领先区，然后发挥其引领带动作用，推动其他片区快速发展，进而提升天津自贸区的整体发展质量。

第一，尽快组织力量开展可行性研究。尽快组织天津市相关政府部门、天津港片区管理机构和企事业单位，以及天津市相关科研院校等实务部门和研究机构，就天津港片区整体封关运行的可行性展开研究。就天津港片区实行整体封关运行的优势和劣势、机遇和挑战，政策突破的重点和难点、封关运行的成本和效益、管理模式和机制转换中的难点问题、现有保税区的存续、外汇和海关监管体制的变化以及封关运行对区域内现有企业运营的影响等问题展开深入探讨和研究。

第二，加紧制定规划发展方案，推动方案尽早实施。在充分调研、论证的基础上，相关部门应加紧制定天津港片区整体封关运行的规划发展方案，争取尽快获得国家相关部委的支持和国务院的批准，推动规划方案尽早实施。实施方案应该对整体封关运行后区域的功能定位、法制保障、管理模式、投资准入政策、外汇管制政策、财税政策、海关监管、环境保护等问题进行明确界定。在规划方案具体实施过程中，天津应充分借鉴吸收深圳和香港间通关管理经验和做法，逐步建立完善的人员、货物和资金进出天津港片区的监管机制和监管模式。

第三，对天津港片区的现有功能定位进行适当调整。天津自由贸易试验区总体方案对天津港片区的定位为"重点发展航运物流、国际贸易、融资租赁等现代服务业"。实行整体封关运行后，天津港片区将实现由"境内关内"向"境内关外"的角色转变，对其功能定位进行适当调整很有必要。近年来，我国公民出境购物、"海淘"消费越来越多，每年超过1万亿元的消费流失海外，为引导境外消费回流，财政部、商务部等五部门近期发文明确增设和恢复口岸进境免税店。天津港片区封关运行后，通过有步骤地逐步降低进口商品关税，应致力于打造成为我国北方"境内关外"主要购物目的地，成为引导海外消费回流的主要承载地。

第四，提前做好基础设施规划建设工作。为加快推进天津港片区整体封关运行的进度，相关部门有必要提前做好基础设施规划建设工作，包括：①封关基础设施的规划建设。主要包括封关边界的确定、封关设施的规划建设、入境通道的规划设计、联检大楼的规划建设等。②交通基础设施的规划建设。如果天津港片区整体封关运行方案得以顺利实施，将给该地区带来巨大的人流和物流。目前进入天津港片区的主要陆上通道是海铁大道和新港八号路，显然难以满足未来发展需要，应规划建设更多入区通道。通道规划设计时应考虑到人员和货物分离。同时，要加大入区的轨道交通建设，建议把现有的津滨轻轨13号线延长至新港八号路和跃进路的交会处。根据未来发展需求，再确定是否需要增加新的轨道交通路线。

第五，加强与相关部门、机构和企业的协调沟通工作。天津港片区要成功实现整体封关运行，需要获得国家相关部门的批准，应加强与这些部门的沟通协调，争取尽快获得他们的支持，早日推动方案实施。对天津港片区区域内的现有企业、组织和机构而言，天津港片区整体封关运行必然会对其生产和经营活动产生重大影响，依据封关建设的进程，相关部门应积极协助企业、组织和机构对生产和经营活动进行必要的调整。封关运行也会对周边区域的发展产生辐射带动效应，相关部门应协助这些区域做好发展规划和建设项目的必要调整。

三　提高城市建设和管理水平

1. 优化政务法治环境

厘清政府权力范围并明确职责。加快推进"互联网＋政务服务"，深化政务公开，完善"服务清单"，加强绩效管理，提高政府运行透明度和办事效率。设立政府大数据管理机构，推进政务数据资源跨层级、跨部门归集、共享、开放和应用。建立涉外事务管理负面清单制度，下放外商投资企业注册登记权限，降低港澳地区市场主体准入门槛，进一步完善出入境管理与服务。以贯彻落实《天津市社会信用体系建设规划（2014～2020年）》为契机，推进"信用天津"建设。加强法治天津建设，坚持科学立法、依法行政、严格执法、公正司法、全民守法，努力营造规范有序、公平竞争的市场环境和社会环境。

2. 提升公共服务国际化水平

推进外籍人员子女学校规划建设，大力发展国际教育，引进国外知名教育机构来津参与办学。大力发展外国留学生教育，扩大在津留学生的来源国别、留学类别和规模。深化图书馆国际交流，增强公共图书馆国际服务功能。推进医疗卫生领域国际化合作，积极引进国际性医疗机构，推进国际化医院试点，建立与国际接轨的远程会诊系统，完善国际医疗服务结算体系。建立完善多语种服务平台，建设统一的外籍人员服务定点窗口，设立面向境外游客的旅游咨询中心，组建长效性外语志愿服务队伍，积极引进使馆签证、评估和认证等国际中介服务组织及其分支机构，健全外文咨询、信息提供、生活设施和公共服务体系。实施国际化标识改造工程，规范城市公示语标志，建设具有天津特色的国际化街区和社区。

3. 加强城市智慧治理

充分利用大数据、云计算、物联网、人工智能等信息化技术，完善城市智慧管理服务，提升城市运行效率。建设智慧政务应用服务体系，全面实现网上办公和互动交流。推进"智慧天津"建设，完善相关标准体系和数据平台，加快在城市建设管理、交通、环保、气象、管网、防灾减灾等领域的智慧应用。加强智能电网建设，构建能源互联网城市样本。加强医疗、教育、养老、就业、社保等领域智慧应用和示范推广，努力建成覆盖城乡、全民共享的智慧民生服务体系。深化平安天津建设，加强城市安全预警与应急管理体系建设，提升重大气象灾害、突发公共安全事件等防御和应急处置能力。

4. 塑造城市特色风貌

认真落实中央城市工作会议提出的"一尊重五统筹"要求，树立高水平规划、高标准建设、高效能管理、高品位生活的理念，从整体平面和立体空间统筹协调城市景观风貌，更好体现地域特征、历史特色和时代风貌。着力彰显"近代中国看天津"的城市品牌，充分挖掘历史风貌建筑和街区的文化、历史价值，使之成为景观独特、功能较完善的旅游资源和展示天津的重要窗口；做好五大道、解放北路金融街、意式风情区和历史名人故居等重点历史风貌街区和建筑的保护、管理和开发工作，吸纳先进的保护理念和技术，使天津的历史风貌建筑保护工作融入国际先进理念。弘扬城市美学、建筑美学、色彩美学、生活美学，制定城市设计政策和标准，落实相关措施，强化建筑立面管理规范，优化城市建筑形态。加强对历史文化遗产保护和利用。提升街道、公园、广场等城市公共空间品质，精心设计城市家具，美化城市景观。

5. 提升生态环境质量

深入实施"美丽天津·一号工程"，加强环境保护和生态修复工作，促进资源节约、循环利用，推动形成绿色发展方式和生活方式，打造水绕津城、城在林中、天蓝水清、郁郁葱葱的宜居环境。加强环境污染治理工作，做好大气、水、土壤的污染防治工作，大力推进燃煤锅炉改燃并网，强化工业污染治理，防治机动车污染，大力推广应用新能源汽车，开展河道污染治理，实施水系连通和生态补水工程，改善重要河湖湿地水环境。构筑绿色生态屏障，实施湿地修复保护工程，打造大绿大美生态空间，建设环城镇、环村庄、沿轨道、沿公路、沿河道的"两环三沿"生态绿廊。加快低碳城市试点建设，主动控制碳排放，推动重点领域低碳发展，推进碳排放权交易市场建设，建立重点企事业单位温室气体排放报告核查制度，开展园区循环化改造和生态工业园区建设，打造国家"城市矿产"示范基地。

6. 培育开放包容的城市文化

加大公共文化服务投入，大力实施"文化惠民"工程，开展丰富多彩的文化活动，提升天津的城市品位。实施市民素质提升工程，加强社会公德、职业道德、家庭美德、个人品德教育。大力建设"书香社会"，倡导全民阅读，推进城市书吧建设。深入开展文明出行、文明行为、文明服务、文明社区等系列文明行动，提升社会文明程度。积极营造多元、包容的城市文化，让有多种文化背景的居民都感受到文化上的舒适、自在。建设国际化公共文化空间与设施，积极引进国际文化人才、技术和经营管理经验。加强"国际理解教育"，拓展国际视野，提升天津政府、企业和市民的国际意识，增强同国际社会交往的能力。

四　深化城市国际交流与合作

1. 深化国际文化交流与合作

建立健全对外文化交流合作机制，创新对外传播、文化交流、文化贸易方式，加强经常性对外交流。深化发展友好城市和友好交流城市，更好地挖掘友城资源，拓展合作的深度和广度。鼓励社会力量参与对外文化交流事业，支持艺术团体创作富有天津特色和国际元素的作品。加强政策支持、信息服务和平台建设，打造和输出一批现当代文学艺术、出版、影视、戏曲、动漫游戏、数字内容、创意设计等文化精品。支持重点文化企业参与国际展会，开拓海外文化市场。加快建设具有国际水平的音乐厅、美术馆、书画院，培育引进国际一流演艺经纪公司，策划举办一批具有国际影响力的音乐节、舞蹈节、电视节、旅游节等重大文化活动。加强与联合国教科文组织、国际知名智库等机构的对接，建设具有重要影响力的非政府国际文化交流平台。

2. 培育国际会议品牌

充分发挥天津作为夏季达沃斯论坛举办城市的带动效应，加强与国际机构和国家部委的合作交流，着力引进一批有世界影响力的国际会议、高端论坛项目。充分发挥在津高校和科研机构的作用，争取更多的国际学术会议在津举办。加强与国际组织和机构的交流与合作，积极探索在天津创立区域性国际组织的可能性。建设或改造提升大型会议场馆和国际型酒店群等配套设施，培育引进专业会议组织者、目的地管理公司等专业机构，提升举办国际会议承载服务能力，提升天津举办国际会议和会展的规格、规模及数量。

3. 大力推广城市形象

制订并实施面向全球的城市形象宣传计划。通过政府传播、媒体传播和活动传播等途径，开展城市营销，树立天津城市品牌形象。聘请国际专业机构，对城市形象推广做出高水平、具有较强可操作性的整体策划。充分利用重要载体、重大事件和名人效应来推广城市形象，利用世界级企业品牌进行城市营销，突出天津城市特质。加强与国际知名新闻机构和网络媒体的联系与合作，利用国际主流媒体的影响力，提升天津国际知名度。积极开展公共外交，加快友好城市体系建设，创新交流形式、深化交流内容，加强城市形象推介，扩大天津的国际影响。

第三章

京津冀城市群的绿色发展与天津方略

《京津冀协同发展规划纲要》明确指出：京津冀地区要逐步建设成为以北京为核心的世界级城市群、区域协同发展改革引领区、全国创新驱动经济增长新引擎，生态修复和环境改善的示范区。京津冀城市群发展面临的突出问题是：经济社会发展与生态环境保护的矛盾异常尖锐。党的十八届五中全会适时地提出了包括"绿色发展"在内的五大发展理念，为京津冀城市群"十三五"时期甚至更长远的持续发展定下了主基调、指明了方向。坚持绿色发展，是破解发展和保护难题的必然选择。而探寻京津冀城市群的绿色发展路径，对于形成生产发展、生活富裕、生态良好的城市群发展新格局，建设世界级城市群具有重要意义。

第一节　京津冀城市群发展概况及面临的生态环境形势

一　京津冀城市群整体发展概况

伴随着信息化和经济全球化的发展，城市群已成为世界城市化的主流趋势。在我国，传统的省域经济和行政区经济正逐步向城市群经济转变，城市群已成为中国区域发展的主要空间形态。所谓城市群，是指在特定的地域范围内，依托一定的自然环境和交通条件，以一个或多个特大城市或大城市为核心，以一定数量的不同性质、类型和等级规模的中小城市为补充的城市"集合体"。具有经济联系紧密，功能相互依存，产业分工合作，交通、社会生活、城市规划和基础设施建设相互影响的特征。其形成是经济发展和产业布局的客观反映，城市群是国家城市化的主体形态和参与全球竞争与合作的空间主体。

作为我国的三大城市群之一，京津冀城市群包括：北京、天津两个直辖市以及河北省所辖的11个地级以上城市（石家庄、唐山、秦皇岛、邯郸、邢台、保定、张家口、承德、沧州、廊坊、衡水等），共13个城市（见图3-1），土地面积21.8万平方公里，常住人口约

图3-1 京津冀城市群结构

1.1 亿，2015 年京津冀地区生产总值近 7 万亿元（69312.9 亿元），占全国的 10.2%。产业以汽车工业、电子工业、机械工业、钢铁工业为主，是全国主要的高新技术和重工业基地，也是中国政治中心、文化中心、国际交往中心、科技创新中心所在地。

自京津冀协同发展战略实施以来，产业协同效果初步显现。京津冀三次产业结构有所优化，三次产业结构比由 2014 年的 5.7∶41.1∶53.2 调整为 2015 年 5.5∶38.4∶56.1。2015 年，一方面，北京加快推进不符合首都功能定位产业的退出，全年关停退出污染企业 326 户，拆除并疏解商品交易市场 57 家。另一方面，天津、河北积极引进项目和资金。其中，天津全年承接非首都功能项目 860 个，引进京冀投资 1739.3 亿元，增长 16.5%，占全市实际利用内资的 43%；河北在 2015 年 1～10 月引进京津项目 3621 个，资金 2748 亿元。同时，京津冀区域继续加大对高耗能、高污染企业的治理力度，建立区域大气污染联防联控机制。2015 年，京津冀规模以上工业综合能源消费量、规模以上工业万元增加值能耗均明显下降；PM2.5 平均浓度下降 10.4%，地区空气质量有所改善。[①]

二 京津冀城市群生态环境形势

近年来，京津冀城市群工业化、城镇化进程不断加快，经济社会发展取得显著成绩，但也面临着严峻的生态环境形势，成为我国东部地区资源环境超载矛盾最为尖锐的地区。

1. 大气污染严重

据《京津冀生态环境保护率先突破工作方案》，2012 年京津冀单位面积煤炭消费量是全国平均水平的 4 倍，单位面积污染物排放强度

[①] 杜燕：《2015 京津冀地区生产总值近 7 万亿元　产业结构持续优化》，http：//business. sohu. com/20160303/n439292324. shtml，2016 年 3 月 3 日。

是全国平均水平的 3.5 ~ 5 倍，主要污染物排放量占全国的 10% 左右。据国家环保部公布的数据，京津冀城市群是我国大气污染的重灾区。京津冀区域 13 个城市与全国 74 个城市空气质量平均水平相比，2014 年平均达标天数少了 85 天，2015 年平均达标天数比例低了 18.8 个百分点；全国空气质量相对较差的前 10 位城市中，京津冀区域 2014 年、2015 年分别占第 8 位和第 7 位①。2015 年入冬以来，重度雾霾又数次来袭。12 月北京两次启动雾霾红色预警，天津也首次启动红色预警，保定、衡水市一度出现连续 8 天的重度及以上污染天气。

2. 水安全形势严峻

京津冀城市群属于资源型缺水地区，在人口和生态的双重压力下，水资源严重匮乏，人均水资源量仅为全国平均水平的 13%，世界平均水平的近 1/30。以河北省为例：2012 ~ 2014 年，河北省水资源总量分别为 235.53 亿立方米、175.86 亿立方米、106.14 亿立方米，人均水资源量分别为 323 立方米、240 立方米、144 立方米，逐年锐减。相比全省水资源总量的急剧下降，年度用水总量虽未突破控制指标，但是压缩规模有限，水资源供需矛盾日益突出。地下水超采严重，地面累计沉降量大于 200 毫米的沉降面积近 6.2 万平方公里。水污染严重，地表水国控断面中劣 V 类水质占 35.5%、省控断面中劣 V 类水质占 43.5%，1/3 的地下水遭受不同程度污染，渤海湾水质极差，劣 IV 类海水占 75%。由于缺少天然径流（除上游山区及滦河水系外，河北省境内基本没有天然径流），水体自净能力差，水环境承载力先天不足，化学需氧量、氨氮等主要污染物排放量远超出河流的纳污能力。据国家环保部公布的数据，2015 年上半年全国七大流

---

① 环保部：《环境保护部发布 2015 年全国城市空气质量状况》，http://www.zhb.gov.cn/gkml/hbb/qt/201602/t20160204_ 329886.htm，2016 年 2 月 4 日。

域国控断面劣 V 类水质占比 10.30% ，而河北省国控断面劣 V 类水质占比为 44.44% ，比全国平均水平高 34 个百分点。此外，城市扩张中垃圾和污水的不合理处置、石化等工业企业的污水无序排放以及农用化学物资的大量使用导致河北省地下水受到污染，尤其是平原地区浅层地下水污染更为严重。总之，水资源短缺与水体污染并存，加剧水环境压力，成为京津冀城市群经济社会可持续发展的重要瓶颈。

3. 生态格局失衡

京津冀城市群区域森林面积少、质量低，分布不均，功能不强，人均森林面积仅为 0.7 亩，湿地萎缩、功能退化，近十年区域湿地面积减少了 46% ；水土流失和草原退化问题突出，生态空间不断挤压。[①]

第二节　区域发展与保护：京津冀城市群面临的突出矛盾

从城市群的视角分析：京津冀区域生态环境形势之所以严峻，除了生态环境承载力先天脆弱外，也与其发展方式密不可分。京津冀大城市群在处理发展与保护的关系上，主要存在两类突出的问题。

一　城市发展与环境破坏

京津冀城市群中的一些城市发展方式粗放，产业结构、能源结构不合理，造成环境严重污染。

1. 城市发展对能耗和污染物排放强度高的第二产业和重化工业依赖程度较高

依据京津冀各主要城市 2016 年政府工作报告及 2010 年、2015

---

① 京津冀协同发展领导小组办公室：《京津冀生态环境保护率先突破工作方案（第 1 号）》，2014 年 9 月 12 日。

年国民经济和社会发展统计公报，"十二五"时期，京津冀各主要城市的产业结构均有所优化（见表3-1），但三次产业中第二产业占大头，而第二产业中，重化工业占大头，产业结构整体较重的局面并未根本扭转。

表3-1 京津冀各城市三次产业占地区生产总值的
比重（2010年、2015年）

单位：%

城市	2010年			2015年		
	第一产业	第二产业	第三产业	第一产业	第二产业	第三产业
北 京 市	0.90	23.60	75.50	0.60	19.6	79.80
天 津 市	1.60	53.10	45.30	1.28	46.70	52.20
石家庄市	10.90	48.60	40.50	9.40	45.00	45.60
承 德 市	15.70	51.00	33.30	17.30	46.90	35.80
张家口市	15.80	43.00	41.20	17.90	40.00	42.10
秦皇岛市	13.60	39.40	47.00	14.20	35.60	50.20
唐 山 市	9.40	58.20	32.40	9.40	55.20	35.40
廊 坊 市	11.60	53.60	34.80	8.60	44.30	47.10
保 定 市	14.80	51.90	33.30	11.80	50.00	38.20
沧 州 市	11.50	50.70	37.80	9.90	49.50	40.60
衡 水 市	19.70	50.70	29.60	13.80	46.20	40.00
邢 台 市	15.70	55.60	28.70	15.60	45.00	39.40
邯 郸 市	13.00	54.20	32.80	12.80	47.70	39.50

从产业结构来看，多数城市仍以能耗和污染排放强度高的第二产业为主导。

2015年京津冀城市群13个城市中，除了北京已经进入服务经济时代，天津以及河北省的石家庄、张家口、秦皇岛、廊坊等基本形成"三二一"的产业格局外，其他7个城市仍处于工业化、重工业化阶段，产业结构仍是"二三一"格局。其中，唐山市的第二产业比重最高，为 55.20%，随后依次为：保定市 50.00%、沧州市 49.50%、邯郸市 47.70%、承德市 46.90%、衡水市 46.20% 和邢台市 45.00%。13 个城市中，仅有北京市、秦皇岛市和张家口市 3 个城市的第二产业比重低于全国平均水平（40.50%），其余 10 个城市均高于全国平均水平。其中，第二产业比重最高的唐山市高出全国平均水平 14.70 个百分点，最低的廊坊市高出 3.80 个百分点，天津市高出 6.20 个百分点。河北省第二产业占生产总值的比重为 48.10%，也高于全国平均水平 7.60 个百分点。①

从工业结构来看，京津冀城市群多数城市能耗和污染物排放强度高的重化工业占当地规模以上工业增加值的比重仍较高。2014 年，天津市重工业占规模以上工业增加值的比重高达 79.11%。2015 年，河北省重工业占规模以上工业增加值的比重高达 75.2%。其中，唐山市钢铁、焦化、水泥等传统重化工业增加值占规模以上工业比重为 37%；邯郸市重工业占规模以上工业增加值的 75.5%，六大高耗能行业完成增加值 713.6 亿元，占比 64.4%；邢台市钢铁、煤化工等高耗能行业仍是主导产业；沧州市重工业占规模以上工业增加值的 84.41%（其中石油化工占 27.3%、管道装备及冶金占 23.3%）；衡水市重工业占规模以上工业增加值的 67.5%；张家口市矿山、钢铁、化工、水泥四大高耗能产业占规模以上工业增加值的 36%；承德市的"两黑"产业（钢铁、水泥和矿山产业）占规模以上工业增加值的 66.3%；秦皇岛市规模以上工业增加值中，玻璃、钢铁、水泥等产业占 23%。以钢铁工业为例，2014 年，中国粗钢产能为 11.3 亿吨，而河北省钢铁总产能约为 3 亿吨，占全国总产能约 27%。有言戏称，"世界钢产量中国第一，河北第二、石家庄第

---

① 依据京津冀各主要城市 2016 年政府工作报告及 2010 年、2015 年国民经济和社会发展统计公报。

三"。这从一定程度上反映出河北省一些主要城市产业结构偏向重化工业的现实。

从产品结构来看，河北省多数企业产品以原材料和初级加工产品为主，处于产业链、价值链的低端，资源、能源消耗多，利润空间较小，产业链条较短，在全国有影响力的终端产品、知名品牌相对较少。

从企业结构来看，河北省大型企业少、平均规模小、缺乏行业领军企业，其1.4万家规模以上工业企业中，主营业务收入超百亿元的只有51家，而且多数分布在钢铁、石化、建材、煤炭等原材料行业。

2. 城市发展对高污染排放的煤炭能源依赖程度较高，能源利用效率较低

据2015年12月14日国家环保部对华北地区22个城市（区）的环保综合督察结果通报，除北京、天津外，华北地区煤炭在能源消费结构中占比近90%。2014年，河北省能源生产总量中，原煤产量占75.42%；能源消费总量中，原煤消费占88.46%。天津能源消费总量中，煤炭和焦炭占到73.43%，均远超过全国平均水平（66%）。这种以煤为主的高碳能源结构在短期内很难从根本上得到改变。

与此同时，京津冀城市群的能源利用效率整体来看仍不高（见表3-2）。2014年，13个城市中，除了北京、天津和保定外，其他10个城市的单位GDP能耗均高于全国平均水平（0.800吨标准煤/万元）。其中，能源消耗强度最高的唐山市是全国平均水平的1.62倍。由表3-1和表3-2的对比可以看出：13个城市中，第二产业比重最高、高耗能行业（钢铁、焦炭、水泥等）比重较大的唐山市，其单位GDP能耗也是最高的。2015年，河北省规模以上工业单位工业增加值能耗1.64吨标准煤/万元。

表 3 - 2　京津冀各城市单位 GDP 能耗排序（2014 年）

单位：吨标准煤/万元

序 号	城 市	单位 GDP 能耗
1	唐 山	1.295
2	邯 郸	1.127
3	张 家 口	1.065
4	邢 台	1.052
5	承 德	1.051
6	沧 州	0.829
7	衡 水	0.826
8	石 家 庄	0.819
9	廊 坊	0.805
10	秦 皇 岛	0.803
11	保 定	0.699
12	天 津	0.540
13	北 京	0.360

3. 城市不合理的产业结构与能源结构导致环境污染严重

据 2015 年 12 月 14 日环保部对华北地区 22 个城市（区）的环保综合督察结果通报，由于规划布局不合理，"一钢独大"、"一煤独大"、"产业围城" 等现象在华北地区一些城市比较普遍，产业和燃煤对环境的污染较重。据对 2015 年底几次重度雾霾的实时源解析，京津冀区域的首要污染源是燃煤，整个华北地区每年要消耗的燃煤是 4 亿吨，占全国的 1/10、全世界的 1/20。①

尽管空气污染源解析结果显示，京津冀区域各主要城市的首要污染物来源存在着时空差异，除首要污染物外，大气污染物均呈现出来源多样、复合型污染的特征。但是，产业和燃煤污染无疑都在其中占

---

① 张田勘：《主要污染源找到，下一步如何走？》，http：//toutiao.com/i6229782846991499778/？tt_from = weixin_ moments&utm_ campaign = client_ share&from = groupmessage&app = news_ article&utm_ source = weixin_ moments&isappinstalled = 0&iid = 3309573678&utm_ medium = toutiao_ ios&wxshare_ count = 24，2015 年 12 月 19 日。

有较大的比重。

河北省主要城市的首要污染源是燃煤，燃煤和产业污染是大头。其中，石家庄市污染源贡献率，以燃煤占比最高为 28.5%，其次为工业生产，占 25.2%，两者合计占到 53.7%（见图 3－2）；廊坊污染物贡献率中，燃煤占到 50%，工业气溶胶占 18%，两者合计占到 68%（见图 3－3）；唐山市污染物贡献率中，冶金行业占到 20.67%，燃煤锅炉占 10.26%，电力行业占 7.47%，水泥建材行业占 6.72%，产业和燃煤污染共占 45.12%（见图 3－4）。

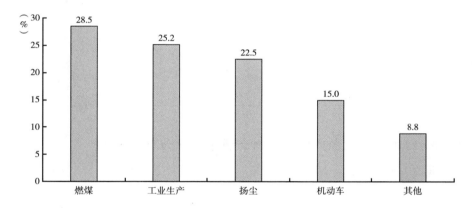

图 3－2　石家庄市污染源贡献率

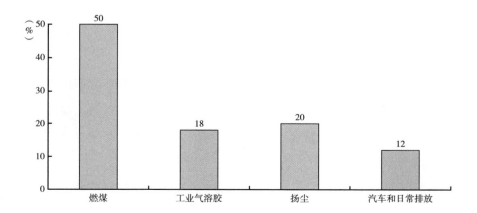

图 3－3　廊坊污染物贡献率

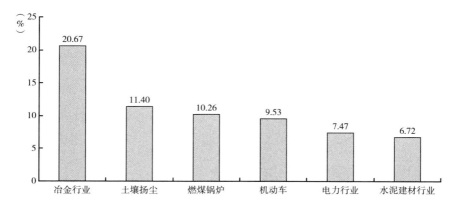

图 3 - 4 唐山市污染源贡献率

尽管北京和天津的首要污染源分别为机动车排放（31.1%）和扬尘（30%）。但是北京 PM2.5 本地污染源中，燃煤占 22.4%，工业生产占到 18.1%，两者合计占到 40.5%；天津 PM2.5 本地污染源中，燃煤占 27%、工业生产占 17%，两者合计占比 44%。可见，燃煤和产业污染也是这两市污染的大头。

二 生态保护与发展限制

京津冀城市群中，有部分城市承担着区域生态功能区建设的重要责任。比如：张家口、承德（以下简称张、承两市）两市兼具京津地区"水源涵养重要区"和"防风固沙重要区"两个极重要的生态功能，是京津冀生态环境建设的利益交融区。2014 年，两市被列入国家主功能区建设试点示范。《京津冀生态环境保护率先突破工作方案》（以下简称《方案》）和河北省落实《方案》提出的重点任务中，分别有 8 项和 10 项与张、承两市生态功能区建设直接相关。2014 年 2 月，习总书记明确提出将张、承地区定位于"京津冀水源涵养功能区，同步考虑解决京津地区周边贫困问题"。这既明确了张、承两市生态功能区的重要定位，也指出了两市在生态环境保护与经济社会发展方面的尖锐矛盾，生态贫困问题突出。

1. 生态环境保护限制了城市经济发展

张家口、承德两市地处河北北部，北靠内蒙古，东接辽宁，西临山西，南环首都北京，下辖32个县（区），东西长356.3公里，南北宽337.6公里，总人口845万，土地总面积763.3万公顷，主要分为坝上高原和坝下山地两大地貌类型。

实行分税制、财政分灶吃饭后，张、承地区既要履行生态环境保护、生态功能区建设的职能，又须自己解决财政问题。张、承两市为维护京津冀地区生态安全，做出很多努力。

（1）为改善生态环境，张、承两市加大了生态环境建设投入。长期以来，两市坚持服务大局，从维护京津冀地区生态安全角度出发，投入800多亿元资金，组织实施了一大批生态环境建设项目，为京津地区阻沙源、涵水源、防治水土流失做出了重大贡献。"十二五"时期，张家口市努力多绿化、治污染，生态环境质量持续改善。累计实施各类林业生态建设工程593万亩，森林覆盖率达到37.05%，较2010年增加了5.4个百分点；建成国家级自然保护区2个、森林公园2个，新增国家湿地公园试点4处；在全省率先实现国家生态功能区补助范围市域全覆盖，累计争取资金36.2亿元。崇礼成为北方地区唯一的全国首批碳汇城市。大力推行节水农业，五年新增及改善节水灌溉面积136.58万亩；以"零容忍"的态度防治大气污染，重点对煤烟污染和企业排放问题进行整治，对17台燃煤发电机组实施了超低排放改造，淘汰和改造燃煤锅炉1297台；取缔高速及国省干道两侧煤栈821家；拆除黏土实心砖瓦窑140座；主城区搬迁污染企业9家；淘汰黄标车10.89万辆，投入使用新能源车1056辆，大气环境质量连续三年在京津冀地区保持最好水平，成功创建国家园林城市和国家森林城市，入围国家第一批生态文明先行示范区、生态保护和建设示范区。① "十二五"时期，承德市坚持把生态作为核心优势，坚持不懈治污染、减排放，生态环境质量持续改善。坚决向大气污染宣战，实施节能改造和污染减排项目1063个，取缔燃煤锅炉776台，治理矿山867个，淘汰黄标车45897辆，在全省率先全部淘汰实心黏土砖，推广使用清洁炉具3.8万台，超额完成节能减排目标，空气质量二级以上天数始终保持在240天以上。加大生态治理与修复力度，新增造林绿化面积405万亩，森林覆盖率达到56.7%；治理水土流失2708平方公里；出境断面和饮用水水源地水质达标率持续保持在100%，水环境质量保持全省第一位。积极探索建立生态补偿和环境保护机制，在全国率先开展跨区域碳汇和碳排放权交易试点。成功争创国家生态文明先行示范区和国家江河湖泊综合整治试点，生态环境质量保持华北最优，生态引力日益彰显。②

（2）不断加大结构调整、产业转型升级力度，地方财政收入受到影响。"十二五"时期，张家口着力调结构、兴产业，转型升级取得积极进展。累计压减炼钢产能384万吨、炼铁产能366万吨、水泥产能458.6万吨，矿山、钢铁、化工、水泥四大高耗能产业占规模以上工业的比重下降了12.9个百分点。全市单位GDP能耗提前一年完成省下达的任务。累计完成技改投资1324.2亿元，被国家工信部认定为全国首批工业绿色转型发展试点城市。③ "十二五"时期，承德坚持把产业转型升级作为重中之重，结构调整力度不断加大。大力化解过剩产能，压减炼钢产能240万吨，淘汰水泥产能401万吨，整合关停矿山企业116家，"两黑"产业增加值占规模以上工业增加值比

---

① 张家口市政府：《2016年张家口市政府工作报告》，http：//www.gkstk.com/article/wk-78500000573892.html，2016年2月17日。

② 承德市政府：《2016年承德市政府工作报告》，http：//zgsc.china.com.cn/chengde/zsmq/2016-02-25/466161.html，2016年2月25日。

③ 张家口市政府：《2016年张家口市政府工作报告》，http：//www.gkstk.com/article/wk-78500000573892.html，2016年2月17日。

重下降了 6 个百分点。清洁能源电力装机达到 332 万千瓦，承德被列为全国新能源示范市。[①]

为此，张、承两市的经济发展受到一定的限制。据了解，近年来两市关停企业近 2000 家，直接影响近 70 万个就业岗位。同时，一大批立市产业项目受环境政策制约不能上马，而符合环境政策的风电产业，也因输电线路短缺和电力体制等因素制约，"弃风（电）"现象严重。比如张家口风电装机容量为 676 万千瓦，理论可发电量 145 亿千瓦时，实际发电量仅为 101 亿千瓦时，"弃风"电量达 44 亿千瓦时，年减少电力销售收入 23.8 亿元（每千瓦时上网电价为 0.54 元）。"弃风"现象不仅影响了已建装机的经济效益，更制约了风电等新能源产业的进一步发展。加上上述两市开放较晚，失去诸多发展机遇，给经济发展、产业壮大、人口就业造成了较大的影响。自 2007 年以来，承德市每年减少利税约 39 亿元以上。2015 年，承德实现全年全部财政收入 163.5 亿元，比上年下降 16.8%。其中，公共财政预算收入 97.4 亿元，下降 9.5%；税收收入 69.7 亿元，下降 16.1%。[②] 张、承两市在大城市群中的经济发展水平偏低（见表 3-3、表 3-4）。2015 年张、承两市生产总值分别为 1363.54 亿元、1358.60 亿元，在 13 个城市中排在第 10、11 位，占河北省总量的 4.49%、4.47%，仅相当于北京的 5.94%、5.92%，天津的 8.24%、8.21%。张、承两市人均生产总值分别为 30837 元、35533 元，在 13 个城市中排在第 9、8 位，相当于河北省平均水平的 76.82%、88.52%，天津的 29.01%、33.43%，北京的 28.84%、33.24%。张、承两市一般公共预算收入分别为 132.99 亿

---

① 承德市政府：《2016 年承德市政府工作报告》，http://zgsc.china.com.cn/chengde/zsmq/2016-02-25/466161.html，2016 年 2 月 25 日。

② 国家统计局承德市统计局承德调查队：《承德市 2015 年国民经济和社会发展统计公报》，http://tech.gmw.cn/newspaper/2016-02/16/content_111078620.htm，2016 年 2 月 16 日。

元、97.40 亿元，在 13 个城市中排第 9 位、第 12 位，占河北省总量的 5.02%、3.68%，仅相当于北京的 2.82%、2.06%，天津的 4.99%、3.65%。

表 3 – 3　2015 年京津冀区域生产总值和人均生产总值排名

单位：亿元，元

2015 年各城市地区生产总值排名			2015 年各城市人均生产总值排名		
排名	城市	地区生产总值	排名	城市	人均生产总值
1	北京市	22968.60	1	天津市	106908
2	天津市	16538.19	2	北京市	106284
3	唐山市	6103.10	3	唐山市	78354
4	石家庄市	5440.60	4	廊坊市	53769
5	沧州市	3240.60	5	石家庄市	50839
6	邯郸市	3145.40	6	沧州市	41847
7	保定市	3000.30	7	秦皇岛市	40689
8	廊坊市	2473.90	8	承德市	35533
9	邢台市	1764.70	9	张家口市	30837
10	张家口市	1363.54	10	邯郸市	29965
11	承德市	1358.60	11	保定市	29000
12	秦皇岛市	1250.44	12	衡水市	27506
13	衡水市	1220.00	13	邢台市	24256

资料来源：各城市 2015 年国民经济和社会发展统计公报。

表 3 – 4　2015 年京津冀区域一般公共预算收入排名

单位：亿元

排名	城　市	一般公共预算收入
1	北京市	4723.90
2	天津市	2666.99
3	石家庄市	375.00
4	唐山市	335.00

排名	城　市	一般公共预算收入
5	廊坊市	303.40
6	沧州市	210.90
7	保定市	196.90
8	邯郸市	190.60
9	张家口市	132.99
10	秦皇岛市	114.36
11	邢台市	102.70
12	承德市	97.40
13	衡水市	88.50

资料来源：各城市 2015 年国民经济和社会发展统计公报。

2. 生态保护加剧相对或绝对贫困

为保障京津水源、生态安全，张、承两市实施了"舍饲禁牧、退耕还林还草、稻改旱、禁止使用化肥农药以及逐步取缔水库投饵网箱养殖"等一系列措施，虽按一定标准予以补偿，但仍造成当地农牧民收入下降。比如，稻改旱，农民每亩减少收入近千元；舍饲禁牧，农民人均减少收入 3000 元以上；取缔水库投饵养殖，使许多"靠水"为生的家庭，失去主要收入来源等。因生态保护致贫返贫问题比较突出。

2015 年，张、承两市城镇居民人均可支配收入分别达到 23841 元和 22885 元，在 13 个城市中分别排第 9 位和第 11 位，分别为全省的 91.16% 和 87.51%，仅相当于北京的 45.10%、43.29%，天津的 69.91%、67.11%。农村居民人均可支配收入差距更大。2015 年，张、承两市农村居民人均可支配收入分别为 8341 元、7923 元，在 13 个城市中分别排在倒数第 2 位、倒数第 1 位，分别为全省的 75.48%、71.69%，仅相当于北京的 40.55%、38.52%，天津的 45.13%、42.87%（见表 3 – 5）。

表 3 - 5　2015 年京津冀区域人均可支配收入排名

单位：元

排名	城市	城镇居民人均可支配收入	排名	城市	农村居民人均可支配收入
1	北京市	52859	1	北京市	20569
2	天津市	34101	2	天津市	18482
3	廊坊市	31925	3	唐山市	13935
4	唐山市	31272	4	廊坊市	13159
5	石家庄市	28168	5	石家庄市	11442
6	秦皇岛市	28158	6	邯郸市	11247
7	沧州市	26350	7	秦皇岛市	10782
8	邯郸市	24630	8	保定市	10558
9	张家口市	23841	9	沧州市	10389
10	保定市	23663	10	邢台市	9152
11	承德市	22885	11	衡水市	9030
12	邢台市	21895	13	张家口市	8341
13	衡水市	21615	13	承德市	7923

　　据了解，截至 2015 年 5 月底，张、承两市 21 个县中仍有 16 个国家级贫困县和 3 个省级贫困县；贫困人口分别为 94.76 万和 60.35 万，占全市农业总人口的比重分别为 30.32% 和 22.82%。

　　张家口是河北省和北京周边贫困人口最集中的地区，是河北省扶贫开发的主战场。相较于其他地区，张家口的贫困更为突出，贫困面积大、贫困人口多、贫困程度深。"十二五"时期全市 13 个县除怀来县外，其他 12 个县被确定为省以上扶贫开发重点县。张北、康保、沽源、尚义、宣化、万全、怀安、阳原、蔚县、崇礼、赤城和涿鹿县南山区 11 个县和 1 个区，被列入国家新一轮扶贫开发重点扶持范围；其中，张北、康保、沽源、尚义、万全、怀安、宣化、蔚县、阳原 9 县为国家燕山—太行山特殊困难片区，占全省片区县的 39.1%；涿鹿县被省列入新一轮扶贫开发重点扶持县。省核定全市贫困村 1723 个，贫困人口 94.76 万，占全市农业总人口的 30.32%。

承德市 8 个县全部纳入国家、省扶贫政策扶持范畴。其中，丰宁、围场、隆化、平泉、承德五县被列入国家燕山—太行山连片特困地区扶持县；丰宁、围场、隆化、平泉、滦平五县被确定为国家级扶贫开发工作重点县（以下简称重点县）；兴隆县被确定为省级扶贫开发工作重点县；丰宁、滦平、兴隆三县列入环首都扶贫攻坚示范区扶持县。承德市原国家级重点县宽城县，参照省级扶贫开发工作重点县的政策执行，"十二五"期间继续给予扶持。截至 2014 年底，全市贫困人口减少至 60.35 万，占 2014 年全市农业人口 264.58 万的 22.81%，其中扶贫对象 39.31 万，占农业人口的 14.86%。

由此不难看出，京津冀大城市群共建共享张承生态功能区，协同解决生态贫困问题，对于促进京津冀生态环境保护率先突破，推动京津冀大城市群协同绿色发展意义重大。

第三节 绿色发展：京津冀城市群协调发展的必由之路

一 京津冀城市群协调发展与生态保护的路径选择

"绿色发展"是党的十八届五中全会提出的，指导我国"十三五"时期发展甚至更长远发展的五大科学发展理念和发展方式之一，是在生态环境承载力约束下，将生态环境友好作为实现可持续发展目标的发展形态，是将生态文明建设融入经济、政治、文化、社会建设各方面和全过程的全新发展理念，是对经济社会活动全过程的"绿色化"。

尽管绿色发展的内涵丰富、内容宽泛。但是，党的十八届五中全会明确提出：把绿色作为永续发展的必要条件。坚持绿色发展，必须坚持节约资源和保护环境的基本国策，坚持可持续发展，坚定走生产发展、生活富裕、生态良好的文明发展道路，加快建设资源节约型、环境友好型社会，形成人与自然和谐发展的现代化建设新格局，推进美丽中国建设。

由此不难理解绿色发展的核心要义：节约资源和保护环境的发展才是绿色发展；生产发展、生活富裕、生态良好的发展才是绿色发展。这里至少涵盖了两个方面的内容。

（1）经济要环保。任何经济行为都必须以节约资源、保护环境和生态健康为基本前提，它要求任何经济活动不仅不能以牺牲环境为代价，而且要有利于环境的保护和生态的健康。

（2）环保要经济，即从环境保护的活动中获取经济效益，将维系生态健康作为新的经济增长点，实现"从绿掘金"，破除生态贫困的魔咒。

因而，坚持绿色发展是新常态下，京津冀大城市群解决因发展而破坏环境、因保护环境而限制发展等尖锐矛盾的必然选择。

坚持绿色发展，就是坚持绿色富城，推动形成绿色发展方式。这要求京津冀大城市群，充分发挥北京科技创新中心、天津全国先进制造业研发基地的支撑作用，协同河北省各城市共同建设产业转型升级试验区。努力做好先进制造的"加法"，节能降耗的"减法"，转型升级的"乘法"，集约节约的"除法"。推动建立绿色低碳循环发展的产业体系，推动产业结构从过度依赖资源、环境消耗的中低端向更多依靠技术和服务的中高端提升；推广科技含量高、资源消耗低、环境污染少的清洁型生产方式；推动能源结构向清洁、低碳、安全、高效方向转化。

因而，京津冀大城市群应针对"因发展而破坏环境"和"因保护环境而限制发展"两类突出问题，将产业协同绿色转型、能源协同低碳转型、生态功能区协同发展绿色生态产业作为协同绿色发展的主基调和根本途径。

二 产业协同绿色转型：建立绿色低碳循环发展的产业体系

1. 协同发展现代服务业，提升产业结构层级

　　服务业是三次产业中资源能源消耗最少、环境污染最小的产业，京津冀各城市都已将加快发展现代服务业、提高第三产业比重作为产业绿色转型升级的重点。笔者对京津冀地区各城市2016年政府工作报告进行梳理分析发现，各城市"十三五"时期拟重点发展的服务业既有交叉也有侧重（见表3-6），如京津冀地区13个城市中有11个城市要加快发展现代物流业，10个城市要重点发展旅游业，分别有8个城市要加快发展金融业和健康养老产业，7个城市要加快发展商务与电子商务产业，分别有4个城市要加快发展大数据信息服务业、科技服务业、服务外包业。

表3-6　"十三五"时期京津冀及各城市拟重点发展的服务业

北京市	支持金融业创新发展,加快发展现代保险服务业,促进"新三板""四板"健康发展,规范完善要素市场。扩大信息服务业优势,加快云计算平台建设,积极发展大数据产业。聚焦研发服务、知识产权服务、检验检测认证服务等领域,拓展科技服务业市场空间
天津市	大力发展新型金融、着力构建现代大物流体系、做大天津旅游品牌,积极发展会展经济
河北省	加快商贸流通业提档升级,促进流通信息化、标准化、集约化,力争"十三五"末基本建成服务京津、辐射全国的现代商贸物流重要基地。改革旅游业领导体制,建立大旅游产业发展格局,把文化旅游产业打造成新的经济增长点和支柱产业
石家庄	围绕金融服务、商务服务、现代物流、信息服务等八大重点领域着力发展现代高端服务业
唐　山	做强现代物流业、发展金融业、提升传统商贸业、做大旅游业、激活文化健康产业
秦皇岛	突出旅游业的基础地位,壮大现代物流业,大力发展健康产业,加快发展总部经济、服务外包、研发设计、会展经济等新业态

续表

邯　郸	加快发展总部经济、创意设计、电子商务等生产性服务业,培育壮大文化旅游、商贸服务、健康养老等生活性服务业
邢　台	加速发展现代服务业。实施智慧物流、金融服务、电子商务、旅游休闲、健康养老、服务外包等重点行业发展行动计划
保　定	构建现代物流服务体系、发展科技服务业(推进技术开发及成果转移、科技信息及咨询、公共技术服务检验检测平台建设)。高起点规划建设面向京津的养老服务业、发挥金融支撑助力作用
张家口	构建"大旅游"格局、大力推动电子商务进农村、推动京张奥物流基地建设等
承　德	围绕建设国际化休闲旅游目的地和中国健康养生基地、"国家绿色大数据中心",建设连接京津冀辽蒙的重要物流枢纽
沧　州	积极发展现代物流、金融保险、健康养老、商务、文化、旅游等九大产业,推动生产性服务业专业化、生活性服务业便利化、公共服务业均等化
廊　坊	优先发展生产性服务业,加快发展智慧物流、快递业、金融、会展、服务外包。积极发展生活性服务业,加快发展文创产业、特色旅游业、健康养老产业。大力培育新兴服务业态,加快发展电商、设计产业
衡　水	打造冀中南区域性物流枢纽、区域性知名旅游城市和生态休闲度假旅游目的地,加快发展会展经济、服务外包等新兴业态,推动文化产业发展成为支柱产业

京津冀城市群协同发展现代服务业,应根据相关城市的发展意愿、发展条件和发展潜力,重点选择城市间关联度高、带动作用大,优势互补性强、合作共生前景较好的重点产业,加大协同对接力度,加快构建城市群现代服务业体系。建议:重点通过加快构建"大物流""大旅游""大健康""大数据"产业发展格局,将其打造成京津冀城市群新的经济增长点和支柱产业,协同推动现代服务业发展上规模、上水平、升比重,提高城市群产业结构的层级,支撑产业的绿色转型。

"大物流":充分利用津冀的口岸和港口优势、以北京为首的大城市群的商贸优势,依托电子商务的普及和发展,促进大城市群物流业信息化、标准化、集约化、一体化发展。协同打造服务京津冀、辐射全国乃至"一带一路"沿线国家和地区的现代物流枢纽和基地。

"大旅游"：依托龙头企业、加大投入力度、进行大开发、打造大品牌，规划、整合各城市的历史文化、名胜古迹、名山大川、坝上草原、海滨风光等旅游资源，共同打造若干个精品旅游线路，如京、津、秦皇岛（八达岭—黄崖关—老龙头）长城精品线路，津、秦皇岛（航母—北戴河）等海滨休闲度假精品线路；京、津、唐山、承德（故宫—盘山—东陵—避暑山庄）皇家精品线路；京、张（草原天路、崇礼滑雪等）冬奥会精品线路；京、津、承德（冰雪温泉、狩猎马术、低空飞行、房车露营等）高附加值旅游精品线路；邯郸、邢台（东太行、大峡谷、云梦山等）太行精品线路等。协同推动"旅游+"全产业融合，大力提高旅游业发展的层次和水平，形成大城市群全区域、全要素、全时段、全品种的旅游形态，打造国际化的文化旅游、生态旅游、休闲旅游、运动旅游目的地。

"大健康"：按照"优势互补、互利共赢、共建共享"的原则，协同发展医疗+养老、保健、康复、娱乐等健康养老产业新型业态，探索跨区域健康养老新模式。充分发挥京、津的健康诊疗优势，廊坊、保定紧邻京津的区位优势，选择森林资源良好、基础条件完善的森林公园及自然保护区，打造廊坊燕达国际健康城、保定涿州码头国际健康产业园等一批集度假、疗养、保健、养老、娱乐于一体的优质休闲养生区、京津大健康产业聚集区；充分发挥京、津的医疗优势，张家口、承德生态涵养区的优势，秦皇岛、唐山、邢台、邯郸等城市相对较好的产业基础和自然环境优势，积极发展季节性居住养老、候鸟式度假养老模式，建设北戴河生命健康产业创新示范区等。

"大数据"：顺应当今世界"计算无处不在、网络无处不在、数据无处不在"的发展态势，协同发展以大数据为依托的信息服务业，协同建设京津冀大数据综合试验区。在大数据产业发展中，京津冀大城市群可以各有侧重。其中北京侧重于大数据软件研发。天津除了侧重于发展设备制造与集成外，在数据挖掘与分析领域、数据存储领域、数据库研发应用领域已汇集海量信息、搜狐视频、58 同城、腾讯网等龙头企业，可利用国家工业云创新示范工程平台，发展集成遥感数据处理、动漫与影视特效渲染等服务业；可利用国家超算天津中心大数据与高性能计算融合技术的关键技术研发成果，构建产业应用平台，成为产业技术自主创新的重要源头和提升企业创新能力的服务平台。张家口和承德是距离京、津最近的适宜大规模建设数据中心、发展数据储存产业的城市，北京—张家口以建设张北云计算产业园为中心，加快打造"中国数坝"。承德市地质结构稳定，自然灾害风险低，且清洁能源发电量占一半以上，具有较强的能源优势，是"京津冀大数据走廊"上的核心支撑城市，拟建设"国家绿色大数据中心"。京、津、张、承以"中关村数据研发服务—天津数据装备制造、数据分析应用—张家口、承德数据存储"为主线，共同发展大数据的核心产业、关联产业和延伸产业，努力打造"京津冀大数据走廊"。

此外，京津冀城市群，还要以北京的金融业创新发展—天津的新型金融—石家庄、唐山、邢台、保定、沧州、廊坊等城市的金融服务业为链条，相互融通，协同发展大金融服务业，为大城市群的产业绿色转型升级提供金融服务支撑。

2. 协同疏解传统优势产业的过剩产能，优化产业结构

京津冀大城市群内部各城市之间的产业转移，应该严格执行京津冀三省市发布的产业负面清单，严禁超出各城市资源环境承载力的项目再落地建设。共同实施企业转型升级行动，坚决淘汰落后产能。支持京津冀城市群企业跨省市兼并重组。鼓励通过市场手段压减过剩产能、处置僵尸企业，尽快淘汰污染较大、能耗较高的生产企业和制造环节。加快"腾笼换鸟"步伐，利用腾退的空间集聚高端产业要素和资源，为优势企业腾出发展空间。

京津冀城市群化解过剩产能任务较重，其中压力最大的是河北省的城市。到"十三五"期末，河北省钢铁、水泥、平板玻璃产能要分别控制在 2 亿吨、2 亿吨、2 亿重量箱左右。以钢铁为例，这就意味着"十三五"时期，河北省 11 个城市，需要化解掉近亿吨的产能（其中，唐山 2016 年就要压减炼铁产能 578 万吨、炼钢产能 450 万吨；邯郸到 2017 年，要完成压减炼铁产能 1614 万吨、炼钢产能 1204 万吨任务，规模以上重工业占 GDP 比重下降到 25% 以下）。而经过前期各级政府主导的强力压减后，河北省一些城市的政府和企业、职工承受能力已近极限，继续强行压减的难度增大、风险升高，对河北省一些城市经济增速的影响较大。因而，将强行各市独立压减过剩产能，转变为城市群协同向外疏解过剩产能，是降低化解产能风险和损失、提高化解产能实效的重要途径。

京津冀城市群产业协同绿色转型，不仅要关注首都产业向津冀城市转移，更需将协同向城市群外疏解传统优势产业的过剩产能作为重要内容。京津冀城市群的政府有关部门、产业协会、行业协会，应借助"一带一路"沿线国家加强基础设施建设的有利时机，将城市群钢铁、水泥、玻璃等传统优势产业的过剩产能进行资源整合，积极抱团参与国际产能合作，到境外设立生产制造基地、资源保障基地和营销服务网络，带动相关产品、技术、装备、管理、标准输出，推进过剩产能向"一带一路"沿线国家和地区转移。为城市群先进制造业的发展腾笼换鸟、积蓄能量。

3. 协同开展绿色、智能制造行动，降低产业消耗和排放强度

京津冀大城市群应积极对接国家"绿色制造工程"，协同开展城市群绿色制造技术改造行动，组织实施一批能效提升、清洁生产、资源循环利用、固体废弃物资源化和无害化利用等专项技术改造项目，协同推广科技含量高、资源消耗低、环境污染少的清洁型生产方式，改造提升传统优势产业。

对接国家"智能制造工程"，实施京津冀城市群联网智能制造示范行动，建设城市群工业互联网和工业云平台，加快运用"互联网＋协同制造"，选择城市群产业链衔接较好的重点行业，推动企业生产设备的智能化改造，以行业龙头企业为依托，与产业链上的企业开展跨城市协作，推动制造业企业向云制造、分布式制造、生产外包等方向转型。鼓励制造业企业"裂变"专业优势、延伸产业链条、开展跨界合作，加快向服务化制造、平台化经营和个性化服务方向转型，建立服务型制造体系。支持互联网企业与传统制造企业开展跨界合作，推动制造企业发展在线定制、创意设计、远程技术支持、设备生命周期管理等服务，构建建立在竞合基础上的城市群智能制造系统。协同推动产业向智能化、绿色化、高端化方向发展，降低传统优势产业的资源能源消耗强度和污染排放强度。

4. 协同构筑现代产业体系，降低产业的资源能源依赖度

战略性新兴产业是现代产业体系的核心。笔者对各城市 2016 年政府工作报告进行梳理分析发现，各城市均计划在"十三五"时期加快发展战略性新兴产业，但拟重点发展的战略性新兴产业既有重叠也有差异（见表 3 - 7），如京津冀地区 13 个城市中有 11 个城市要加快发展高端装备制造业；分别有 9 个城市要重点发展电子信息、新能源、新材料产业；分别有 7 个城市要加快发展生物医药、节能环保产业；6 个城市要加快发展新能源汽车产业。然而，仅靠各城市自行发展战略性新兴产业，仍难以建立起京津冀城市群现代产业体系。

表 3 - 7　京津冀各城市拟重点发展的战略性新兴产业

北京市	力争在新能源汽车、集成电路、机器人、3D 打印等重点领域取得突破
天津市	进一步壮大高端装备、新一代信息技术、航空航天、节能与新能源汽车、新材料、生物医药等产业
河北省	重点发展先进装备制造、新一代信息技术、生物医药、新能源和新材料、节能环保、新能源汽车等新兴产业
石家庄	大力提升生物医药产业、新一代信息技术产业、高端装备制造业发展水平，积极支持节能环保、新材料、新能源等新兴产业发展

续表

唐　山	围绕装备制造、新能源、新材料等重点领域,力促新兴产业加速崛起
秦皇岛	积极实施大数据战略,重点发展高端装备制造、信息技术、节能环保、新能源、新材料等新兴产业
邯　郸	重点发展先进装备制造、节能环保、新能源汽车、新材料、电子信息等产业
邢　台	推进先进装备制造、新能源、新材料、汽车及新能源汽车、节能环保等产业加快发展
保　定	发展汽车、新能源、高端装备与智能制造三大先进制造业,培育壮大生物健康、新一代信息技术、新材料、节能环保等四大新兴产业
张家口	发展信息产业、新能源、高端制造产业(汽车发动机、整车和零部件配套、新能源设备、应急装备、特种和专用汽车、航空航天设备、智能机器人等)
承　德	发展新能源、新材料、节能环保等产业
沧　州	培育壮大汽车制造、生物医药、清洁能源、通用航空、节能环保、激光研发应用、再制造等"七大"新兴产业
廊　坊	加快发展电子信息、高端装备制造、新材料、生物医药产业
衡　水	集中发展电子信息、生物医药、高端装备制造等战略性新兴产业

　　京津冀大城市群应围绕落实《京津冀协同发展规划纲要》,依据《京津冀产业转移指南》确定的产业发展格局,对接《中国制造2025》战略部署,协同实施京、津、冀行动纲要,协同发展战略性新兴产业,加快构筑起建立在竞合基础上的城市群现代产业体系。

　　建议重点选择城市群产业链衔接前景较好的战略性新兴产业的重点领域,加强产业链上下游不同环节的对接合作力度,加快构建跨城市战略性新兴产业链。通过协同打造战略性新兴产业链,加快构筑大城市群现代产业体系,提升产业技术含量,降低产业资源能源依赖度。

5. 协同壮大节能环保低碳循环产业,提升产业的环境友好度

　　借京津冀区域环境污染联防联控、生态环境共建共享之机,搭建区域节能环保产业平台,促成三地处于上下游的节能环保技术开发与咨询,节能环保工程设计、施工、运营、管理,以及节能环保监测、治理装备制造等，尽快结成几条可以提供整体解决方案的优势产业链，把节能环保产业技术优势尽快转化为产业优势和竞争优势。为企业创造更多参与区域节能环保工程建设的机会，加快企业和产业的成长壮大。

协同加强对现有资源的"二次开发"，让"沉睡"的财富"苏醒"过来、"零散"的财富"整合"起来。完善资源综合利用产业链，支持再生资源综合利用，重点企业做大做强，协调建立京津冀区域报废汽车、废旧电子信息产品等工业固体废物回收体系，建立不同城市间一体化、规模化的回收网络，形成资源综合利用产业的供应链；协同推广尾矿资源的综合利用；协同推进电力、钢铁等领域的粉煤灰、脱硫石膏、磷石膏、冶炼废渣等大宗工业固体废物的综合利用。促进天津子牙循环经济产业园、邢台节能环保产业园和桑德循环经济产业园、承德全国工业固体废物（尾矿）综合利用基地等真正形成环渤海、中国北方地区、京津冀地区的"城市矿山"基地。共同推进津冀（涉县·天铁）等循环经济产业示范区建设。

三　能源协同低碳转型：建设清洁低碳、安全高效的现代能源体系

针对"一煤独大"的能源结构，加快京津冀大城市群能源协同低碳化进程。加大太阳能、风能等可再生能源利用力度，鼓励发展分布式能源系统；提高接受外输电比例，加大天然气、煤制气等清洁能源比重。

1. 协同推动清洁和可再生能源的规模化开发利用

将京津的科技、人才、资本优势与河北省的清洁和可再生能源的产业和资源优势相结合，加大研发和联合攻关力度，解决清洁和可再生能源开发、存储、长途传输、利用中的核心和关键技术以及资金问题。协同加强光伏、风电、生物质能、绿色电池、抽水蓄能等新能源

的开发与利用。

协同加强风电基地建设。充分开发利用风能资源，在张、承两市的坝上地区开发建设千万千瓦级的集中式风电基地。协同解决张、承地区风电产业发展中的"弃风"问题。加快张承—京津特高压输电线路、国家风光储输示范项目、风电基地配套电网工程、张承至京津电网送出工程等项目的规划与建设，加大张承地区的风电对京津冀城市群的供应量。

协同加强光伏发电基地建设。坚持集中式与分布式并重，上网销售与就地消纳相结合，在资源丰富区集中布局地面光伏发电站，建设张承地区千万千瓦级光伏基地。

协同加强水电调峰电源基地建设。根据京津唐电网对调峰容量的需求，充分利用张承地区优越的地形地质条件和水资源条件，为风电、太阳能发电等新能源电力的消纳提供保障，加快丰宁抽水蓄能电站建设，积极推进张家口尚义、赤城和承德庙宫、松树口、雾灵山抽水蓄能电站项目的规划与建设。

协同发展生物质能源。根据片区生物质可利用资源量，结合各市县资源的分布特点和收储运的难易程度，发展生物质能源。协同推进张家口市涿鹿华达秸秆生物热电二期、沽源县生物质热电、下花园生物质热电机组工程和承德市宏森木业、平泉奥科木煤生产及丰宁、承德、滦平、兴隆、平泉县生物质发电项目建设。

协同推进其他清洁能源建设。积极发展地热、油母页岩等清洁能源。

2. 协同推进新能源示范城市和重点项目建设

协同建设天津、保定全国首批低碳试点城市。协同建设保定国家新能源与能源设备产业基地。协同建设张家口国家级可再生能源示范区，通过规模化、多元化、创新式、链条式开发应用，建设全形式、全过程、高技术、高聚集、智慧化、可复制的示范基地。协同建设承德全国新能源示范市，重点抓好丰宁抽水蓄能电站、围场光伏发电、致城生物质燃料等重点项目建设，增加清洁能源装机容量。协同促进石家庄抓好井陉太阳能发电、生物质燃料等新能源项目建设。协同秦皇岛薄膜太阳能电池组件等项目建设。协同邢台加快太阳能光伏电站、太阳能电池等项目建设，进一步巩固太阳能电池产能、转换率全球领先地位。提高非碳能源的比重。

3. 协同解决高碳能源低碳化利用中的核心和关键技术问题

协同加强煤炭提质加工技术、高效燃煤发电技术、工业锅炉洁净燃煤技术、新型煤化工技术（包括煤炭液化，煤制醇醚、烯烃，煤制天然气等）等的研发与应用，加大天然气、煤制气等清洁能源比重，为城市群经济社会发展提供低碳能源支撑。

4. 协同鼓励发展分布式能源系统

近年来，分布式能源的发展十分迅猛，在能源系统中的比例不断提高，正在给能源工业带来革命性的变化。特别是随着户用分布式能源系统的发展（如屋顶太阳能光伏发电和燃料电池发电技术等），家庭已不再单纯是能源的消费者，同时也成为能源的生产者和销售者。分布式能源系统由于靠近用户端，输送损失小，加之安全性能好，日益受到发达国家的重视，成为发达国家节约能源、提高能效的重要措施。有专家预计，正如个人微型计算机进入家庭，并逐渐取代巨型计算机的统治地位一样，在不远的将来，分布式能源有可能取代集中式能源，成为能源工业发展的主力军之一。风力发电、太阳能光伏发电、生物质能发电等可再生能源发电系统，是分布式能源的重要组成部分。

京津冀大城市群可以协同鼓励发展分布式能源系统，对于规模较小的城市郊县、村镇，结合秸秆等生物质资源的利用，支持生物质为燃料的热电联产机组的发展；在风资源较好的张、承接坝地区以及坝下地区，适度开发建设低风速、分布式风电项目，鼓励发展分布式风电、风电供热、风电制氢技术；在城镇中心区及产业聚集区利用公共设施布局分布式光伏发电；支持沼气发电、太阳能光伏发电、风力发电等小型分布能源系统发展，充分有效地利用清洁能源资源，替代散煤燃烧，促进京津冀大城市群能源结构的低碳化。

四 协同张承地区发展绿色生态产业：实现绿色富城、破除生态贫困

京津冀城市群要针对张承地区因保护而限制发展、导致生态贫困的问题，加大对张、承两市的产业帮扶力度。除了前文提到的协同构建现代产业体系、低碳能源体系的内容外，还要注重引导绿色生态产业项目向张、承生态功能区布局，共同打造沿张承线的绿色生态产业带，帮助张承地区逐步建立起支撑自我发展的绿色生态产业体系，支持和帮助张、承两市立市富民。

1. 协同发展绿色主导产业

在资金、技术等方面对张承地区高端旅游、文化创意、清洁能源、高新技术、新材料、先进装备制造、食品医药、养老康复、现代物流等主导产业予以重点扶持；支持张承地区打造文化旅游胜地、京津地区休闲度假目的地、京津绿色有机农产品生产加工基地、京津地区产业转移重要承接地、绿色产业发展集聚区、国家级清洁能源产业发展基地和京津科研成果转化基地。

2. 协同建设绿色产业聚集区

针对张承地区产业布局分散、园区集中度低、污染治理难的问题，在园区水、电、路、信及管网等配套设施建设方面给予资金支持，在金融信贷方面予以政策倾斜。

3. 协同建设重大绿色产业项目

支持和帮助张承地区落地一批立市富民的大项目，重点支持承德钒钛资源综合利用、大数据产业园、比亚迪承德新能源汽车及零部件

生产基地、尾矿资源综合利用基地等项目建设。支持张家口张北—南昌 1000 千伏特高压交流、婴幼儿奶粉、航空产业园、云计算、沃尔沃汽车生产基地等项目建设。

4. 协同做大做强绿色生态产业链

京、津及其他城市政府可以引导企业，加大对张、承两市绿色生态产业的投入力度，协同做大做强绿色生态产业链。

生态农业（牧业、林业）—绿色食品加工产业链。依托特殊的气候条件以及京津水源地等金字招牌，扩大高档马铃薯、燕麦、杂粮、食用菌、林果种植规模，做大做强鲜薯深加工，高档燕麦杂粮产品、食用菌制品、林果产品的深加工等区域特色产业链。加快建成京津绿色有机食品直供地、中国北方最大的食用菌生产销售集散地。

扩大饲用玉米、紫花苜蓿、黑麦草、燕麦、春箭舌豌豆等高产优质饲草作物种植面积，提高人工饲草料供给能力，缓解天然草场的生态压力，加快实现草畜平衡。根据草原载畜量标准，加快转变草原畜牧业发展方式，发展规模化、标准化、清洁化舍饲圈养，扩大牲畜暖棚、青贮窖、贮草棚面积，增加饲草饲料机械。通过堆肥处理、大中型沼气建设等措施对粪污进行无害化处理。做大做强高产牧草种植—集约化养殖—高档肉、奶等畜牧产品深加工产业链。

生物医药产业链。扩大中药材种植面积，做大做强中药饮片、中成药、营养保健品制造产业链。加快建设燕山中药材经济核心示范区。

生态资源产业链。扩大植树造林规模，减少毁林，增加森林碳汇、清新空气、清洁水等生态资源产品生产量、蓄积量，提高生态资源产品质量和价值量，做大做强生态资源产品产业链。

清洁能源产业链。利用张承地区风能、太阳能资源丰富的优势，发展集中式风电光电基地、分布式发电、光伏扶贫项目，建设清洁能源电池生产基地，提高风能、太阳能等清洁能源就地消纳能力，将其转化成新能源汽车动力电池等，做大做强风能、太阳能—动力电池产业链，解决弃风、弃光、扶贫等问题。

通过协同张承地区发展绿色生态产业，提高张、承两市的经济实力，增加财政收入，扩大就业规模，实现绿色富城、破解生态贫困难题。

第四节 京津冀城市群协同绿色发展的保障机制

一 建立城市群政府工作协调机制，统一城市群的绿色发展政策标准体系

1. 建立城市群政府高层的工作协调机制

京津冀大城市群产业协同绿色发展，必须十分注重解决绿色发展中面临的实际问题，各大城市都要从全局和长远的视角，在政策、资金和技术等方面加强相互协调和对接，强化各市间的有机联系，弥补京津冀产业协同绿色发展中真正的"短板"，避免形成新一轮的发展失衡。因此，除了在国家层面成立京津冀协同发展的协调机构，统一制定《京津冀协同发展规划》和《京津冀产业转移指南》等京津冀协同发展的总体规划和城市建设、产业布局等一系列专项规划外，各城市之间还要建立起有效的、常态化的信息沟通和工作协调机制，确保各城市分层次、有序对接。进而充分发挥政府对相关产业和企业发展的引导作用，避免各自为政、恶性竞争。

2. 统一城市群绿色发展相关的政策和标准体系

京津冀大城市群有必要统一动态调整行业绿色发展标准。一是根据需要提高冶金、水泥等行业的能耗和排放标准。二是扩大实行节能减排降耗标准的行业范围。加快制定绿色产品和高耗能服务业的绿色标准，借鉴国际经验，对于生产设备和消费产品，分别制定类似能源

之星、蓝色天使的标准和标识。三是补充缺失的标准。根据节约资源的要求，及时制定资源节约和循环利用的标准。

建立能源综合利用的排放标准。随着循环利用和综合利用技术的发展，单项指标往往不能反映企业的能耗和污染排放水平，应制定资源综合利用效率和最终排放标准。比如：我国大容量火电机组可以达到优于燃气轮机的排放水平[①]，小规模热电联产的综合能耗远低于电站和供热锅炉的能耗之和。因此，不能简单地根据煤耗标准考核企业，而应以其最终排放和能源利用效率为准。

二 建立城市群产业转移利益诱导机制，完善绿色发展的利益分享机制

1. 建立产业转移利益诱导机制

产业转移的主体可能是企业项目，也可能是生产要素。无论哪类主体，其在转移过程中，必须坚持市场对资源配置的决定性作用，不能硬性指挥，只能通过政策设计建立利益诱导机制。比如，项目转移，移出地可以对愿意移出的产业项目，在法律规定内出台一些限制发展政策和退出奖励政策；承接地可以优化环境建设，相应出台若干鼓励性政策，双向施力，诱导企业转移。又如，技术支持，承接地可以通过财税优惠政策推动相关企业、科研院所异地设立科技成果转化示范区，如将石家庄的"中国硅谷"、保定的"中国电谷"、秦皇岛的"中国数谷"作为示范区，促进京津的钢铁冷轧、精细化工、生物制药等科技成果在河北省相关城市转化为现实生产力，财政对示范区的重大项目立项和科技经费申请给予支持。

2. 完善城市群产业协同发展的利益分享机制

由于产业和资本的跨城市流动，很大程度上受到地方利益的羁

---

① 《煤电清洁高效利用应是能源技术主攻方向》，《中国工业报》2015 年 3 月 24 日。

绊，核心是地方财税利益，只有突破这个障碍，才可能打破地方政府对产业转移和资本流动的限制，才有可能实现产业和资本的自由流动，从而从根本上消除产业和资本优化配置的制度障碍。因此，可以考虑依据财政部、国家税务总局2015年6月3日发布的《京津冀协同发展产业转移对接企业税收收入分享办法》，在京津冀城市群率先开展财税体制改革试点试验。根据城市群的实际情况，找到利益"契合点"，深入完善"存量不变，增量分成"的财税体制，建立区域间税收分享的利益分配机制。比如，对政府主导的异地搬迁企业，实行一定时期内地方税收基数留在原注册地，增量部分由两地按比例分享；对新增项目增值税、所得税等地方留成部分，投资方所在地和注册地政府可按一定比例和期限分成等。

三　设立城市群产业绿色转型引导基金，建立绿色金融创新服务体系和机制

1. 设立城市群产业绿色转型引导基金

京津冀城市群应积极争取设立协同绿色发展专项基金、产业协同绿色转型引导基金。基金由国家财政和各大城市财政，按照一定比例共同出资构成。同时，整合各种相关的产业发展基金，共同用于城市群过剩产能疏解、传统产业升级、战略性新兴产业发展、绿色循环产业发展、节能环保产业成长、清洁和可再生能源开发利用等与产业绿色转型相关的项目，引导大城市群产业协同绿色转型。

2. 建立绿色金融创新服务体系和机制

我国的绿色金融刚起步，京津冀城市群需要结合金融创新运营示范区建设，进一步推动绿色金融的发展。一是进一步完善价格和财税体系，提高绿色经济、绿色产业、绿色生产经营活动的收益，或者加大非绿色经济活动的环境污染成本；增加绿色经济活动、投资项目的现金流和竞争力。二是财政政策与绿色金融相结合，通过信贷贴息或

风险补偿等方式，发挥"四两拨千斤"的作用，促进资金投向绿色经济、产业、企业项目。三是绿色信贷与国家节能减排、循环经济专项相结合，优先支持绿色发展项目。四是积极探索各种绿色金融工具的运用，包括绿色贷款、绿色债券、绿色保险、绿色基金、绿色证书交易等。

3. 积极探索推广政府和社会资本合作（PPP）模式

依据《国家能源局关于在能源领域积极推广政府和社会资本合作模式的通知》（国能法改〔2016〕96号）精神，京津冀城市群可以对可再生能源及分布式光伏发电、天然气分布式能源及供热、农村电网改造升级、光伏扶贫、页岩气开发、煤层气抽采利用等项目，积极探索、推广实施政府和社会资本合作模式，即PPP模式。对符合财政投资补贴条件的，各级能源主管部门应积极鼓励财政补贴向上述PPP项目倾斜。

四　打造城市群协同创新共同体，搭建城市群产业云服务平台

1. 打造京津冀城市群协同创新共同体

落实京津冀区域推进全面创新改革试验方案，围绕构筑京津冀协同创新共同体，立足共建、着眼共享，力推共建园区、共创基地、共搭平台、共设基金、共同攻关等五种合作模式，开展创新资源（知识产权、人才流动、激励机制、市场准入等方面）协同性改革试验，争创具有示范带动作用的城市群协同创新平台。

以北京打造国家自主创新重要源头和原始创新主要策源地，天津建设国家自主创新示范区和全国产业创新中心为基础，强化中关村示范区创新引领作用，不断完善"一区多园"统筹发展格局，推动天津滨海—中关村科技园区、中关村保定创新中心、中关村海淀园秦皇岛分园等各分园建设，争取中关村自主创新相关先行先试政策向京津冀城市群适度拓展，构建富有活力的创新生态系统。

组建一批城市群产业技术创新战略联盟，推动创新资源开放共享，加快推动万众创新。推动天津清华高端装备研究院、北大信息技术研究院等行业领先的研发转化平台，以及石家庄正定中关村集成电路等高端产业转移合作基地建设。围绕传统产业的绿色转型、战略性新兴产业创新发展、绿色循环低碳产业发展、节能环保产业成长、清洁能源开发利用等领域实施协同创新工程，支持各类创新主体开展核心、关键和共性技术联合攻关和集成应用。健全科技成果转化应用激励机制，推动创新成果资本化、产业化。

2. 共同搭建城市群工业云创新示范平台

在北京工业云平台和天津滨海工业云平台被列入国家首批"工业云"创新服务试点的基础上，争取国家工信部支持京津冀城市群整合各城市的工业云，共同建设"京津冀城市群工业云创新示范工程"，搭建城市群产业云平台。

"工业云"平台将综合利用计算机、物联网、大数据等先进信息技术，聚集各城市创新资源和创新成果，整合一体化产品设计及产品生产流程管理，面向产品制造商、集成商与工业用户，提供仿真设计、协同创新、协同制造、市场营销等各类"云服务"，使企业可以通过信息共享，随时从"云端"获取生产工具、生产资料、创新成果、合作伙伴以及同行业的产业发展信息，有效降低其创新成本和信息化建设门槛，提升自身创新与设计能力。

城市群可以依托这个智能"工业云"服务平台，形成区域性云计算产业联盟，形成云计算创新发展的合力。

五　完善城市群一体化的市场体系，建立生态产品市场化机制

1. 完善城市群一体化的市场体系

京津冀大城市群在资本准入方面，政策尚未统一，包括招商引资

政策、项目用地、能耗和污染排放标准等都存在较大差异；在产业准入、产品准入方面，各种认证和产品质量安全标准等也不尽相同，存在着城市壁垒，不利于产业和产品流动；在市场监管方面，有必要尽快对接各城市的市场准入标准、市场开放政策和市场监管制度，消除各城市不利于统一市场形成的制度和政策障碍，推动形成京津冀大城市群统一大市场。

2. 建立城市群资源环境交易体系，提高生态资源市场化程度

建立完善京津冀城市群碳交易、排污权交易、水权交易等区域性资源环境交易体系，优化配置京津冀生态环境资源，推进生态资源产品进入市场交易体系。

京津冀城市群资源环境交易体系的建立，先期可以以碳交易为试点，整合京津两地碳交易市场为统一的区域性碳交易市场，并将河北省各大城市纳入碳交易体系。比如，允许张、承两市由造林和减少毁林产生的碳汇进入市场交易，通过区域性碳交易市场，扩大张、承两市的碳汇交易规模，使其森林和湿地蕴含丰富的可以市场化的碳汇资源价值得以实现。在此基础上，逐步建立城市群排污权交易、水权交易等其他资源环境交易体系，实现生态资源产品的市场价值，使生态环境保护更经济，即从生态环境保护的活动中也可以获取经济效益，实现"从绿掘金"，破除生态贫困的魔咒。

第五节　区域协同下的天津绿色发展

按照《京津冀协同发展规划纲要》的要求，京津冀地区要逐步建设成为以北京为核心的世界级城市群，区域协同发展改革引领区，全国创新驱动经济增长新引擎，生态修复和环境改善的示范区。与此同时，天津要加快建设全国先进制造研发基地、北方国际航运中心、金融创新运营示范区、改革开放先行区。因此，在京津冀城市群协同绿色发展中，天津须与自身的"一基地三区"建设相结合，既不越位，也必须有所作为，发挥应有的作用。

一 以"工业云"建设为抓手，促进全国先进制造业研发基地建设

全国先进制造业必须是绿色的、智能的现代制造业。天津制造业虽然总量较大（2015 年规模以上工业总产值 28016.75 亿元，仅次于上海居第二位），但产业结构不够优化〔高技术产业（制造业）增加值占规模以上工业的 13.8%〕，创新能力和创新活力不足，实现"全国先进制造业研发基地"的定位，任务还很艰巨。但是，当务之急是：天津借京津冀协同发展、建设以北京为核心的世界级城市群之机，尽快争取中央京津冀协同办及国家有关部门支持，在天津建设"京津冀城市群工业云平台"，并以此为抓手，促进天津加快提升制造业绿色化、智能化和现代化水平，加快实现"全国先进制造业研发基地"的定位。

1. 京津冀协同发展战略与天津"一基地"定位的要求

在京津冀协同发展战略中，天津既不能越位，又必须有所作为。其关键是找到两者的契合点。由天津来牵头建设"京津冀城市群工业云平台"，既符合天津"一基地"的定位，又有利于京津冀制造业的协同绿色发展。

2. 对接《中国制造 2025》与顺应"互联网＋协同制造"发展趋势的要求

"全国先进制造业研发基地"，要以先进制造为支撑，以科技创新为动力，以研发转化为先导，坚持高端引领、创新驱动、智能转型、质效为先、绿色发展，形成强大的先进制造研发能力。因此，沿用传统的发展思路，仅仅依靠本地资源，通过建厂、争上项目、发展产业、提高创新投入等，难以在短期内实现定位目标。

因此，必须创新思维方式，拓宽发展思路。信息时代"计算无处不在、网络无处不在、数据无处不在"，顺应这种发展态势，我们只有以"大数据"战略为支撑，以"互联网＋协同制造"为引擎，借京津冀协同发展、协同建设京津冀大数据综合试验区之机，着力打造"京津冀城市群工业云平台"，整合京津冀城市群先进制造能力和创新资源，才有可能取得事半功倍的成效。

3. 提升天津先进制造业辐射带动功能的需要

"全国先进制造业研发基地"，不仅要求自身拥有强大的先进制造研发能力，还要发挥较大的辐射带动作用。"京津冀城市群工业云平台"的建设，有助于提升天津市对京津冀区域先进制造业发展的辐射带动作用，天津首先应成为京津冀区域先进制造业研发基地，进而加快成长为全国先进制造业研发基地。

4. 天津拥有建设"京津冀城市群工业云平台"的基础和能力

"京津冀城市群工业云平台"的建设，可以天津"滨海工业云平台"（被国家工信部列为"工业云创新示范工程"）为基础，充分发挥本市曙光高性能服务器的竞争优势，利用"天河一号"超算中心、华录蓝光存储技术，依托腾讯、阿里巴巴、浪潮、卓朗、易华录等云服务龙头企业，利用在数据挖掘与分析领域、数据存储领域、数据库研发应用领域已经汇集的海量信息，利用国家超算天津中心大数据与高性能计算融合技术的关键技术研发成果，构建城市群制造业应用平台，成为城市群制造业技术自主创新的重要源头和提升企业创新能力的服务平台，成为城市群产业协同制造、制造能力整合的服务平台。

5. 有助于在京津冀制造业竞合基础上建设"全国先进制造业研发基地"

战略性新兴产业是现代产业体系、先进制造业的核心。"京津冀城市群工业云平台"的建设，有助于通过"互联网＋协同制造"，重点选择城市群产业链衔接前景较好的战略性新兴产业的重点领域，加强产业链上下游不同环节的对接合作力度，加快构建跨区域、跨城市战略性新兴产业链。在一定程度上减少各城市重复建设，避免新一轮的同质同构的恶性竞争，形成建立在竞争与合作基础上的先进制造业体系。

天津在建设"京津冀城市群工业云平台"的同时，还要注重引导、鼓励、扶持本地优势产业（企业），率先应用"京津冀城市群工业云平台"，开展"互联网＋协同制造"行动，与城市群产业链上的相关企业开展跨界协作。推动制造企业发展在线定制、创意设计、远程技术支持、设备生命周期管理等服务。推动制造业企业向云制造、分布式制造、生产外包等方向转型。尽早确立城市群行业龙头企业的地位，鼓励其"裂变"专业优势、延伸产业链条。这样，才能更好地整合城市群制造能力和创新能力，构建建立在竞合基础上的城市群绿色制造系统、智能制造系统、现代制造体系，促进天津加快建设"全国先进制造业研发基地"。

二 以优势产业为龙头，协同构筑现代制造产业体系

基于前文的研究分析，天津可以考虑在以下产业加强与城市群相关城市合作、协同发展。

1. 与北京、石家庄、唐山、张家口等市协同发展航空航天产业

以新一代运载火箭、空间站、空客 A330 客机、重型直升机、无人机等为重点，加强与北京（无人智能航空器、航电系统、地面保障装备）、石家庄（通用航空特种装备）、唐山（通用航空）、张家口（航空航天设备）等市的产业对接与合作，加快构建航空航天产业链。

2. 与北京、石家庄等市协同发展高端电子信息技术产业

以集成电路（28 纳米及以下设计制造工艺）、曙光高性能服务器、北斗导航终端为重点，与北京（高端软件、智能硬件、高性能集成电路）、石家庄（北斗卫星导航、有源光缆、LED 光电）等市加

强合作，协同构建高端电子信息技术产业链。

3. 与北京、唐山、张家口等市协同发展高端智能装备产业

以高档数控机床、机器人、3D 打印为重点，与北京（高端智能化传感器、智能仪控系统、智能机器人、3D 打印）、唐山（智能装备制造）、张家口（智能机器人）等市深入合作，协同发展高端智能装备产业链。

4. 与北京、石家庄、邯郸、邢台等市协同发展新能源汽车产业

新能源汽车以电池、电机、电控等核心技术为重点，与北京新能源智能汽车（汽车电子、发动机控制系统、新型动力电池等）、石家庄新能源汽车、邯郸新能源汽车（电池材料）、邢台新能源汽车（多氟多锂电池）等产业加强合作，协同打造新能源汽车产业链。

5. 与北京、石家庄、唐山、秦皇岛等市协同发展轨道交通装备产业

以高档机车为重点，与北京（轨道交通系统集成）、石家庄（城市轨道交通装备）、唐山（高铁零部件）、秦皇岛（高铁设备）等市加强产业合作对接，协同构建轨道交通装备产业链。

6. 与北京、唐山、秦皇岛、沧州等市协同发展海洋工程产业

以 5000 吨级深海石油钻井平台为重点，与秦皇岛（船舶及海洋工程装备）、唐山（船舶海工）、沧州（港口装备）等合作，协同构建海洋工程产业链。

7. 与唐山、保定、张家口等市协同发展新能源与环保设备产业

以特高压超高压输变电成套装备、新能源与环保设备为重点，与唐山（节能环保设备）、保定（新能源装备）、张家口（新能源设备）等市加强产业合作，协同构建新能源与环保设备产业链。

8. 与石家庄、唐山、秦皇岛、邢台、张家口、廊坊等市协同发展工程与专用装备产业

以工程机械、运输起重设备为重点，与石家庄（智能农业机械、专用车、煤矿机械）、唐山（重型装备）、秦皇岛（重型工程装备）、邢台（中重卡、特种车）、张家口（应急装备、特种和专用汽车）、廊坊（精密机床制造、通航设备、专用装备制造、医疗设备制造）等市加强产业合作，协同构建工程与专用装备产业链。

9. 与北京、石家庄、承德、沧州、廊坊等市协同发展生物医药产业

以高性能医疗器械、新型创新药物、中药制剂、移动医疗、放射性药物为重点，与北京（干细胞、靶向药物、医学影像精密仪器等生物医药产品）、石家庄（高端抗肿瘤系列新药制剂、绿色生物原料药）、承德（现代中药）、沧州（高端原料药及中间体、医药制剂、现代中药及医药关联产业）、廊坊（生物医药、诊断试剂和医疗器械）等市加强产业合作，协同构建生物医药产业链。

10. 与北京、石家庄、唐山、邯郸、保定、承德等市协同发展新材料产业

以先进储能、高端金属、高分子材料为重点，与北京（超导材料、纳米材料、石墨烯、生物基材料等新材料）、石家庄（半导体照明材料）、唐山（石墨烯、钢铁材料、陶瓷材料）、邯郸（高性能碳纤维）、保定（化工新材料）、承德（钒钛新材料）等市加强产业合作，协同构建新材料产业链。

三 以绿色引导基金设立为契机，促进金融创新运营示范区建设

1. 争取将城市群产业绿色转型引导基金设立在天津

天津应与城市群其他城市一起积极争取国家支持设立城市群协同绿色发展专项基金、产业协同绿色转型引导基金。并积极进行基金组建、运营方案的相关论证，主动争取将该基金设立在天津，由天津负责运营，支持天津"金融创新运营示范区"建设。

2. 以产业绿色转型引导基金撬动绿色金融创新

以产业绿色转型引导基金作为杠杆，与金融企业的绿色金融业务相结合，通过信贷贴息或风险补偿等方式，发挥"四两拨千斤"的作用，促进金融资本投向绿色经济、产业、企业项目。为大城市群过剩产能疏解、传统产业升级、战略性新兴产业发展、绿色循环产业发展、节能环保产业成长、清洁和可再生能源开发利用等与产业绿色转型相关的项目，提供金融支持，引导城市群产业协同绿色转型。

3. 以产业绿色转型引导基金为担保发行绿色发展债券

积极探索各种绿色金融工具的运用，如探索以产业绿色转型引导基金为担保，发行城市群绿色发展债券等，支持城市群绿色发展的资金需求。

四 以大物流产业协同发展为依托，促进北方国际航运中心建设

1. 以津冀港口、口岸合作为基础，提升国际航运功能

充分利用津冀的口岸和港口优势，抢抓京津冀协同发展重大历史机遇，以天津港集团与河北港口集团合作建立的渤海津冀港口投资发展有限公司（成立于 2014 年 8 月，注册资本为 20 亿元，由天津港集团和河北港口集团方面各出资 50%，主要负责天津及河北区域内港口项目的投资运营与管理）为龙头，加强津冀口岸和港口战略合作，建立高层沟通联络机制，搭建良好的沟通平台，支持渤海津冀港口投资发展有限公司以资本为纽带对两港集团港口项目进行运作；鼓励和支持公司围绕港口物流相关产业链进行投资，支持和鼓励公司探索物流金融、航运保险、绿色港口等新兴产业的投资，不断拓展投资领域，实现公司可持续发展，不断深化双方全方位、多层次、多角度的交流与合作。

2. 以京津冀"海外仓"建设为抓手，促进跨境电子商务综合试验区建设

随着《国务院关于大力发展电子商务加快培育经济新动力的意见》《关于促进跨境电子商务健康快速发展的指导意见》、国家商务部《"互联网＋流通"行动计划》等政策的陆续出台，国家政策对于跨境电商的扶持，开始侧重于推动建设电子商务"海外仓"。天津应以此为契机，充分利用以北京为首的京津冀城市群的商贸优势，依托电子商务的普及和发展，全面整合京津冀城市群市场上所有跨境物流运输方案，协同建设京津冀城市群的"海外仓"，协同解决跨境物流的最大瓶颈（成本、时效和清关问题），形成一套一站式的基于海外仓储服务平台的跨境电商物流的整体解决方案。促进天津跨境电子商务综合试验区建设。

3. 以城市群"大物流"产业协同发展为依托，促进区域物流体系建设

天津以建设一批大宗商品交易所、交割库等物流平台为重点，与北京的商贸优势相结合，与石家庄、唐山（国家级物流枢纽城市）、秦皇岛（东北亚物流枢纽）、邯郸（冀中能源国际物流）、邢台（冀南物流中心）、保定（国家级现代物流创新发展城市试点）、张家口（京张奥物流基地）、承德（连接京津冀辽蒙的重要物流枢纽）、沧州、廊坊、衡水（冀中南区域性物流枢纽）等建设相结合，协同打造区域物流体系。

五 以城市群多元化协同为依托，促进改革开放先行区建设

1. 以城市群协同创新为基础，促进国家自主创新示范区建设

与北京科技创新中心建设相结合，充分借助北京的科技创新资源，推进创新平台建设，加快建设清华高端装备研究院、北大信息技术研究院等行业领先的研发转化平台。加快建设一批重点实验室、工

程中心、企业技术中心、孵化器等创新机构，共建天津滨海—中关村科技园。不断完善"一区多园"发展格局，构建富有活力的创新生态系统，推动各分园特色产业集聚发展，初步建成全国产业创新中心。打造科技小巨人升级版，着力推进能力、规模、服务升级。加快推动大众创业、万众创新，鼓励发展众创、众包、众扶、众筹，建设众创空间，深入推进"双创特区"建设。以此推动天津加快提升科技创新能力，高水平建设国家自主创新示范区。

2. 以滦河流域生态补偿机制探索为抓手，促进津、承两市协同绿色发展

在京津冀协同发展、共建共享理念下，坚持"利益共享，责任共担"的原则，先试先行，加快建立滦河流域多元化的生态补偿机制。在直接补偿方面，按照谁受益谁补偿原则和同水同价政策，以跨界断面水质水量考核指标为依据，参考南水北调工程用水测算水价（2.16 元/立方米），适度提高潘家口水库引滦水费（现价为 0.234 元/立方米），按照引滦实际用水水量，下游对上游进行补偿，补修金近期用于潘大水库治理，后期用于水库上游水资源保护和水库移民生产、生活扶持。在多维补偿方面，促进天津与河北、承德共同签署一揽子补偿协议，就天津、河北每年向承德提供生态共建、产业扶持、对口协作、技术支持、人才支持、职业培训、就业岗位等的计划、规模和内容，做出具体安排，共同建立长效的补偿机制。在此基础上，加快启动建立京张永定河水系和潮白河水系跨界水环境生态补偿机制。促进津、承乃至城市群协调解决发展与保护难题，协同实现绿色发展。

3. 以津冀循环经济产业示范区建设为载体，推进津、邯两市协同绿色发展

2014 年 8 月 24 日，天津市政府与河北省政府签署了《共同打造冀津（涉县·天铁）循环经济产业示范区框架协议》等 4 项合作协议和 1 项合作备忘录。津冀应从共同关注的热点、难点问题入手，加强双方密切沟通协商，协调两省市发改委、工信委、国资委、国土局、环保局等部门及天津市渤钢集团加强对接，共同研究推动协议的落实，共同推进冀津（涉县·天铁）循环经济产业示范区建设，促进天津、邯郸两市协同绿色发展。

4. 以协同建设清洁能源基地为引擎，促进低碳试点城市建设

加强与张、承两市在清洁能源领域的合作，利用其丰富的清洁和可再生能源的资源优势，加大太阳能、风能等可再生能源的合作开发力度，共同建设集中式风电基地、光伏基地，加快张承—京津特高压输电线路、国家风光储输示范项目、风光电基地配套电网工程、张承至京津电网送出工程等项目的规划与建设。协同建设天津全国首批低碳试点城市、张家口国家级可再生能源示范区、承德全国新能源示范市。在提高接受外输电比例，促进天津市能源结构低碳化的同时，也可以促进张、承两市的绿色发展。

总之，京津冀城市群的绿色发展是一个复杂的系统工程，天津在其中很多方面可以发挥重要的作用。天津应该充分利用京津冀协同发展、建设世界级城市群的机遇，与城市群协同解决发展与保护难题，共同实现绿色发展。

第四章

京津冀大数据产业的协同发展

大数据是信息产业的重大技术突破，具有非常广阔的发展前景。1980 年，著名未来学家阿尔文·托夫勒便在《第三次浪潮》一书中，将大数据热情地赞颂为"第三次浪潮的华彩乐章"。大约从 2009 年开始，"大数据"成为互联网信息技术行业的流行词汇。无论是国外还是国内城市都对大数据市场寄予了巨大的希望。我国在 2015 年的政府工作报告中也指出，要制定"互联网＋"行动计划，推动移动互联网、云计算、大数据、物联网等与现代制造业结合，促进电子商务、工业互联网和互联网金融的健康发展，引导互联网企业拓展国际市场。

京津冀在发展大数据产业方面都具备自身的优势，但也存在一些局限，在协同发展的大框架下，需要优势互补、共同发展。

第一节　大数据产业内涵及特点

大数据或称巨量数据、海量数据，是指由数量巨大、结构复杂、类型众多的数据构成的数据集合，是基于云计算的数据处理与应用模式，通过数据的集成共享、交叉复用形成的智力资源和知识服务能力。维克托·迈尔－舍恩伯格及肯尼斯·库克耶编写的《大数据时代》（2013 年）指出，大数据是指不采用随机分析法（抽样调查）这样的捷径，而采用所有数据进行分析处理。

一　大数据的特点

大数据具有"4V"特点，即 Volume（海量）、Velocity（高速）、Variety（多样）、Value（价值）。这些特点恰恰体现了大数据对信息技术的超高要求。

1. Volume（海量）

大数据所包含的数据量巨大。美国互联网数据中心曾指出，互联网上的数据每年将增长 50%，每两年将翻一番，而近 90% 的数据都是近几年产生的。仅以百度为例，根据公开的信息，作为全球最大的中文搜索引擎，百度每天响应来自 138 个国家和地区的数十亿次请求，每日新增数据 10TB①，要处理超过 100PB 的数据。而互联网中产生的数据仅是大数据构成的一部分，其余来自其他工业、商业等的数据更是不计其数。比如仅国家电网，全国能够采集获得的相关数据总量也是 10 个 PB 以上级别的。据统计，截至 2015 年 12 月，我国网民规模达 6.88 亿。其中，手机网民规模达 6.20 亿，移动互联网流量呈现爆发式增长。国家工信部统计显示，2016 年全年移动互联网接入的流量超过 400 万 TB，同比增长了 103%。市场调研机构 IDC 预计，未来全球数据总量年增长率将维持在 50% 左右，到 2020 年，全球数据总量将达到 40ZB。其中，我国数据量将达到 8.6ZB，占全球的 21% 左右。

---

① 计算机信息技术用于计量存储容量和传输容量的一种计量单位，1KB = 1024B，1MB = 1024KB，1GB = 1024MB，1TB = 1024GB，1PB = 1024TB，1EB = 1024PB，1ZB = 1024EB，1YB = 1024ZB，1BB = 1024YB。

2. Velocity（高速）

大数据对数据处理速度要求高。各种数据的产生与更新速度非常快，如腾讯 QQ 目前拥有 8 亿用户，4 亿移动用户，每日新增数据 200TB～300TB，平均每秒新增数据为 2.37GB～3.56GB，可谓瞬息万变，分秒间处理出的结果已是千差万别。因此大数据具有鲜明的时效性，大数据的挖掘要求在秒级时间内给出分析结果，这也是大数据处理技术和传统的数据挖掘技术最大的区别。

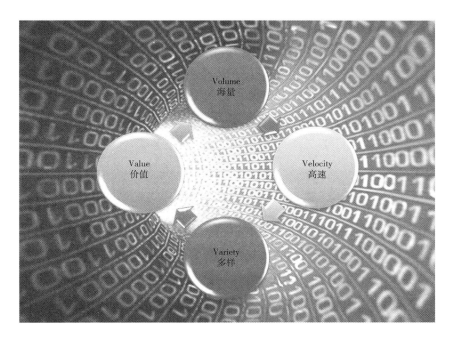

图 4 – 1　大数据特点示意

3. Variety（多样）

大数据的类型繁多，资料来源于各种各样的渠道。除数据庞大的互联网之外，电信、金融、保险、电力、石化系统、公共安全、医疗、交通运输、气象、教育、地理、政务、商业销售、制造业、农业、物流和流通等其他领域也都包含着规模庞大的数据。据推算，目前国内银行和金融系统每年产生的数据达到数十 PB；整个医疗卫生行业，一年能够保存下来的数据就可以达到数百 PB；交通运输方面，航班往返一次能产生的数据就达到 TB 级别，列车、水陆运输产生的各种数据视频、文本类数据，每年也在百 PB 级别。

4. Value（价值）

正因为数据数量如此庞大，而来源又如此繁杂，因此真正能够产生价值的数据比例不高，以视频为例，北京目前用于视频监控的摄像头有 50 万个，一个摄像头一个小时产生的数据量就是几 G，每天北京市的视频采集数据量在 3PB 左右，而可能有用的数据仅仅有一两秒，几 G 甚至是几 M。但恰恰是这所占比例不高的有用数据，所产生的价值却是巨大的。IDC 曾发布报告称，全球大数据技术和服务市场将在未来几年保持 31.7% 的年复合增长率，2016 年的总规模有望达到 238 亿美元。照此计算，大数据市场的增速将达到同期整个信息和通信技术领域增速的 7 倍。因此可以说大数据具有数据价值密度低、商业价值高的特点。

二 大数据产业链的组成部分

大数据的特点也决定了大数据产业链所必须包含的组成部分。大量与多样的特点决定了产业链中应包含资料来源及存储部分；而速度和价值特点则决定了产业链应包括快速数据处理挖掘和应用部分。

因此，可以说大数据产业链主要包含四个层面（见图 4-2）。

1. 数据来源层

数据来源层是大数据产业链的基础，它包含一切可能产生数据的部门行业，如互联网、移动互联网、物联网、运营商、政府部门、工业、商业及其他经济社会领域。

互联网作为最大数据源的地位是不可动摇的；而随着越来越多的机器配备了遥感跟踪装置，物联网设备也为大数据产业提供了动态多

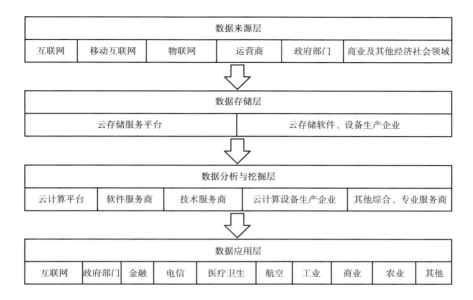

图 4 - 2 大数据产业链构成

变的传感数据；运营商则拥有用户通话、信息、地理位置等信息，目前主要运营商拥有的数据数量都在 10PB 以上，总体年度用户数据增长约数十个 PB；绝大多数中央部委和省级政府部门的核心业务有数据库支撑，核心业务数据库覆盖率超过80%。比如公安部建成了覆盖 13 亿人口的国家人口数据库；国家工商总局建成了企业法人数据库；民政部和中央编制办公室初步建成了社会团体和事业单位信息库；全国四级国土资源主管部门积累了近 6000TB 的数据；国家统计局建成了统计信息库。而且随着产业互联网的普及，商业、制造业、农林牧渔业、餐饮、食品、科研、物流运输等传统行业的数据量也将呈现迅速增长态势，这些都是数据来源层的重要组成部分。

2. 数据存储层

数据存储层主要包括云存储服务平台，云存储软件、设备生产企业。大数据产业中数据来源渠道多种多样，数据规模更是庞大，且更新速度极快，累加数量无限。对于一个企业、一个部门来说，根本没有足够的磁盘空间用于存储。这时就需要有专门的数据存储机构及存储设备生产企业来为大数据的存储提供服务，这也就构成了大数据产业链中的数据存储层。云存储服务平台将网络中大量各种不同类型的存储设备通过应用软件集合起来协同工作，共同提供数据存储和业务访问服务。云存储服务平台将大量数据予以集中，既可为用户提供便捷的服务，也可为企业节省本地存储因数据增长所带来的额外硬件添置成本。同样，云存储软件、设备生产企业在这一层次也至关重要。

3. 数据分析与挖掘层

数据分析与挖掘层主要包括云计算平台，其他综合、专业服务商，云计算设备生产企业等，它们提供精密的设备，提供专业的软件、技术、数据分析及共享等服务。数据来源层中每天产生的海量数据是庞杂的、混乱的。许多机构、企业认识到数据的重要性，但除了储存数据，它们缺乏资源和能力对数据进行有效整合。因而要从中获取有益的信息，就必须通过数据的分析与挖掘。而"云"赋予了用户前所未有的计算能力，在云计算架构及应用模式之下，政府可以通过分析与挖掘的数据掌握实时动态，对未来发展做出预测，进而做出合理规划，更好地发挥管理作用；企业可以得到产品线的优势、劣势、机遇、威胁等非常需要的信息，并且在激烈竞争的经济环境下，了解竞争者的实力，并据此加以改进，提高自身竞争力。

大数据"海量"的特点决定了它必然无法用单台的计算机进行处理，而必须采用分布式计算结构。它必须依托云计算的分布式处理、分布式数据库、云存储和虚拟化技术。"云"具有相当的规模，Google 云计算已经拥有 100 多万台服务器，Amazon、IBM、微软、Yahoo 等企业的"云"均拥有几十万台服务器。企业私有云一般拥有数百上千台服务器。因此云计算设备的生产企业也成为大数据产业链中必不可少的一环。

4. 数据应用层

最后一个层面是数据应用层，大数据的应用范围十分广泛，几乎可以涉及人们生产生活中的所有领域，因而这一层面也包含了互联网、政府部门、商业、工业、农业等多个领域。其中应用最为直接的自然是信息技术企业；其次是对数据管理极为依赖的企业，如金融企业；另外电信、医疗卫生等行业大数据应用潜力巨大；而一些工业企业、商业企业则可以利用数据的采集和分析来改善运营效率和决策水平，通过数据驱动企业发展，其典型代表是航空、百货公司、能源和汽车企业。

第二节　京津冀大数据产业发展现状分析

一　北京市大数据产业发展现状

1. 数据来源层部分

（1）具有良好的数据资源基础。北京培育大数据具有原发优势。北京科技资源集中，研发实力雄厚，政府机构及大公司云集，有很强的数据生产能力。通过"科技北京"、中关村国家自主创新示范区建设等一系列规划、战略的实施，北京集聚了全国最大规模和最有价值的数据资产，为发展大数据奠定了良好的数据基础。

如图4-3所示，2015年，在阿里云上，全国各地区按照云上大数据规模排名，前五名的省市依次是北京、上海、浙江、广东、江苏，而这五个省市就占了全国81%的云端数据。

（2）公共数据开放率较高。《北京市大数据和云计算发展行动计划（2016～2020年）》提出，到2020年底，要建成全市大数据汇聚

图 4 - 3   2015 年中国云上大数据量分布

注：本图仅为示意图，非真实地图。
资料来源：阿里研究院，《阿里云 2015》。

中心，实现公共数据开放单位覆盖率超过 90%，数据开放率超过
60%。具体来看，北京市将建成统一的电子政务基础公共服务体系和
大数据资源体系，深化公共数据资源的开放共享，让大数据发挥自身
价值。在依法保障安全、重视隐私保护和逐步分级开放的前提下，制
定公共机构数据开放计划，推动公共数据资源的统一汇聚和集中
开放。

2. 数据存储层和数据分析挖掘层部分

（1）数据存储及挖掘技术处于国内领先地位。北京在海量数据
存储、挖掘、云计算等技术领域处于国内领先地位，同时与国外大数
据技术热点保持一致，发展大数据遇到的关键技术相对容易突破。大
数据的整体技术发展层面，由于美国等传统 IT 强国的大数据战略也

都处于试错阶段，因此北京与其差距不大；硬件方面，相对于其他一些高精尖技术，由于大数据对于硬件基础设施的要求相对较低，北京目前基本不会受困于基础设备核心元件的相对落后；软件方面，与在传统数据库操作层面的技术差距相比，北京大数据分析应用水平与先进国家差距要小得多。

（2）云计算与大数据产业处于国内领先地位。北京在发展云计算与大数据产业方面处于全国领先地位，先后布局了中国云产业园、中关村云计算产业基地等专业园区，并汇聚了包括百度、金山、乐视、京东等知名企业为代表的近百家云产业相关企业。2015年，全市云计算产业规模达到400亿元，已形成涵盖软硬件、基础设施、云计算平台、云计算应用支持服务等主要环节的产业链。通过深入实施祥云工程升级版，金山公有云、北京健康云等一批重大云应用、云服务取得实效。越来越多的企业从公有云平台中获得更加低成本和便捷的云计算资源，实现了精准决策和深入协作，激发了企业的创新活力，提升了企业的核心竞争优势。此外，北京还通过设立总规模达200亿元的高精尖产业发展基金，提高市场资源配置效率，形成合力支持包括云计算产业在内的高精尖产业发展。

3. 数据应用层部分

（1）充分将大数据技术应用于城市治理及工业制造等方面。北京将建设战略性公有云服务平台，扩大交通、医疗、教育文化等重点行业应用的规模效应，大幅提高服务社会民生的能力和大数据应用的能力，并大力发展工业智能制造云服务平台，围绕制造业提供研发设计、生产、经营等全流程的云服务。

在城市治理方面，大数据将在智慧交通、智慧环保、城市公共安全等方面持续发力。据了解，北京市将建设综合交通服务大数据平台，推进交通、规划、公安、气象、城乡建设、城管执法等跨部门业务协同创新，整合数据开展交通仿真、智能决策等缓解交通拥堵的智慧应用；综合利用物联网自动监测、综合观测等数据，支撑城市的大气、水、土地等资源治理。

（2）通过大数据交易平台开展数据及服务交易。北京市将升级大数据交易服务平台，健全数据交易流通的市场化机制和运营规则，有序开展规模化的数据及服务交易，吸引国内大数据流通市场向北京市聚集。依托北京市中小企业公共服务平台等载体，北京市将为大数据中小微企业和创业者提供法律、知识产权、资金等专业化服务；依托中关村、亦庄等产业聚集区，北京市将提升对产业孵化器、众创空间的支持力度，建设一批以大数据和云计算为主要方向的创新创业平台，激发大众创业、万众创新的活力。

二　天津市大数据产业发展现状

近年来，天津市积极推动大数据产业发展，目前，开发区、滨海高新区、保税区和武清区逐渐成为大数据领域产业集聚地，在数据挖掘与分析领域、数据存储领域、数据库研发应用领域汇集了海量信息及搜狐视频、58同城、腾讯网等龙头企业。特别是国家工业云创新示范工程平台集成了遥感数据处理、动漫与影视特效渲染等服务功能；国家超算天津中心利用大数据与高性能计算融合技术的关键技术研发成果，构建产业应用平台，成为产业技术自主创新的重要源头和提升企业创新能力的支撑平台。

1. 数据来源层部分

（1）互联网普及度高，可采集数据规模庞大。大数据是信息技术发展的更高阶段，信息网络的发展也是大数据产业发展的基础。天津作为"宽带中国"示范城市，近年来信息网络全面升级。截至2015年底，与2010年相比，天津市城市互联网出口带宽翻了10倍，已超过4680G；光纤入户能力从128万户增长到650万户，基本达成"光纤城市"建设目标，成为国内首个实现全光纤网络的城市；3G网

络覆盖全市域，4G 网络覆盖城区和主要乡镇，移动电话普及率达到
95%；"i-Tianjin" 公共免费 WiFi 新建接入点超过 2 万个，无线局域网
（WLAN）覆盖 5000 多个公共场所，开通无线接入点 11 万个。

（2）电子政务建设成效显著，数据来源广泛。天津是国家工信
部首批基于云计算的电子政务公共平台建设和应用试点示范城市，率
先使用骨干传输网，核心环网带宽达到万兆，骨干网带宽达到千兆，
桌面带宽达到百兆，位居全国前列。为提高政务运转效率，天津市电
子政务专网已覆盖全市 400 个副局级以上单位和区县；电子政务云计
算中心承载了天津市小客车调控管理信息系统等 70 个重要业务系统，
实现政务部门互联互通；"网上办公大厅"在线办事能力排名全国前
列。另外，在文化教育方面，已初步实现教育城域网全覆盖，有效支
撑全市优质教育资源共建共享；文化资源共享方面，全市公共电子阅
览室建设全面启动，建成各级网点 5022 个，覆盖全市区域；重大活
动及突发公共事件无线电和网络信息安全保障能力持续增强。

（3）电子商务发展迅速，拥有充足的商务数据来源。2015 年，
天津市电子商务发展迅速，全年电子商务交易额突破 7000 亿元，网
络零售达千亿元规模。跨境电子商务服务试点城市获批建设。建成运
行 60 多个村淘服务站，推出京津电商产业园等 2 个国家级示范基地
和优众网等 6 家国家级示范企业，培育渤商网等 3 个千亿级本土电商
企业，相继与阿里巴巴、易贝等知名企业签署战略合作协议。初步形
成了滨海新区、武清、宝坻、和平、南开五个电商企业聚集区。培育
了 4 家第三方支付企业，形成了同城 24 小时送达的物流体系，培育
了 14 个交易市场和交易平台，其中金融资产、贵金属、渤交所交易
额超过万亿元。

（4）为大数据提供海量数据来源的物联网产业发展迅速。物联
网产业为大数据提供了海量的数据来源。天津的物联网产业基本形成
完整的产业链，且在硬件的生产上居于全国领先地位。目前天津不但

聚集了中兴、大唐、飞利浦 NXP 等 30 余家国内外物联网领军企业，在射频识别的研发领域也汇集了国内精尖力量。国家 RFID 研发与应用示范基地和行业检测及认证中心、中兴通信 RFID 研发中心、大唐电信 RFID 研发中心、NXP RFID 全球应用系统研发支持中心等均已落户天津。且天津的传感器产业发展较快，特别是液压传感器、动力传感器、气象传感器、汽车传感器等方面已具备较强的产业基础，年生产能力达到 4 亿只，广泛应用于手机触屏、汽车防撞、大气监测、汽车尾气检测等领域。天津传感器芯片核心技术研发水平也位居全国前列。

2. 数据存储层和数据分析挖掘层部分

（1）拥有国内领先的云计算系统。国家超级计算天津中心目前已经形成总计超过 3000CPU 核、10TB 内存、2PB 以上云存储的云计算平台，主业务计算机是当前世界上运算速度最快的"天河一号"超级计算机，且装备有三台高性能计算机系统：计算性能达到百万亿次的天河·天腾（TH－1）系统；包含 128 个 Intel－EX5675 CPU 的天河·天翔系统；包含 96 个 CPU 的天河·天驰系统。可为石油勘探数据处理、生物医药、新材料新能源、高端装备设计与仿真、动漫与影视渲染、空气动力学、流体力学、天气预报、气候预测、海洋环境模拟分析、航天航空遥感数据处理等领域提供高质量的高性能计算和云服务。"天河一号"投入使用近 6 年来，在航空航天、新能源、新材料、装备制造、生物医药等领域实现了广泛应用。如今，"天河一号"每天运营计算任务超过 1400 个，服务用户数近千家。

（2）高性能计算机及存储设备生产国内领先。目前天津的云端服务器、存储器、路由器生产位居国内先进水平，其自主研发制造的百万亿次超级计算机"曙光 5000"、超千万亿次计算机"曙光星云"已成为国内运行速度最快的商用高性能计算机系统，目前已形成 10 万台生产能力，使我国成为全球第二个能生产高性能计算机服务器的国家。天津的存储容量 1000T、带宽 10G 的大型存储系统也已形成200 套生产能力。

（3）信息安全产业发展较快。大数据作为数据交换频繁、网络使用率高的产业，信息安全至关重要。目前天津已建成天津国家信息安全产业基地，基地总体占地面积达 2600 亩，是中国最大的信息安全产业基地。2016 年 9 月天津市信息安全产业创新联盟在高新区成立。联盟围绕天津市战略性新兴产业、信息安全产业以及科技型企业的技术创新需求，广泛聚集、孵化科技型中小企业、高校和科研院所创新团队，通过"曙光、南大通用、麒麟、飞腾等领军企业 + 南开大学、天津理工大学、自动化所等高校院所 + 天地伟业、汉柏、海天量子等应用集成企业"的模式，形成互动高效的创新创业生态系统，营造良好的国产化信息安全产业生态环境，打造百亿级的企业、千亿级的产业。并计划用 5 年的时间，发展联盟成员单位超过 100 家，形成超千亿的创新型产业集群。

3. 数据应用层部分

（1）企业信息化接受程度较高。目前天津的信息化已在社会领域、经济领域等各方面得到广泛应用，企业信息化的接受程度有了很大提高，应用范围也实现了拓展。目前全市规模以上企业有 65% 以上已实施 ERP 管理，在工业企业方面，开展了百家企业两化深度融合示范试点建设，促进了企业创新能力、劳动生产率、产品质量等核心竞争力整体提高；国家级两化深度融合示范企业达到 4 家。"滨海工业云平台"被工信部列为"工业云创新示范工程"，全市重点企业CAD 应用率达到 95% 以上，大型装备制造企业基本实现内部协同设计制造。

（2）工业企业特别是高技术产业（制造业）十分重视研发活动。大数据有助于企业节约研发成本，提高研发成功率。因此企业对研发活动的重视也是促进大数据技术应用的重要推动力量。数据显示，天津市的工业企业特别是高新技术产业（制造业）越来越重视研发活动，规模以上工业企业研发投入占总产值的比重达到1.2%，比"十一五"期末提高0.3个百分点。工业企业专利申请量累计达到6.5万件，授权量达到2.8万件，分别占全市的81.5%和74.8%。

三 河北省大数据产业发展现状

1. 数据来源层部分

河北是工业大省，钢铁、水泥、发电等产业发达，周围也汇集了众多的信息类企业，如廊坊是国家工信部批准的电子信息产业国家新型工业化产业示范基地，汇集了富士康、京东方、中兴、华为等国际知名IT企业，大数据、通信网络产品、平板显示等产业十分发达，数据资源非常丰富。但河北省对数据资源整合能力和获取能力普遍不足，虽然产业界积累了大量的数据资产，但是由于数据观念不强、应用产业不发达，使大量的数据"闲置沉睡"，不能创造出社会和商业价值。

2. 数据存储层和数据分析挖掘层部分

河北发展大数据产业，主要目标就是要服务京津地区的巨大市场，相应地，其自身也能在服务中获得发展，与京津区域达成共赢。盘活京津冀地区的数据资源，进一步打通"京津冀大数据走廊"，目前河北省有多地开始建设大数据中心。

（1）承德建设大数据中心。2015年8月17日，北京中关村产业园与河北承德在北京签署推动大数据产业合作协议。中关村大数据产业联盟、戴尔、浪潮、万国数据、数海科技、亚信、中兴网信、神州数码等大数据产业链机构和企业与承德市达成合作意向，将在承德部署建设数据中心、区域总部等，投资总额将达220亿元。

（2）张北云计算基地吸引多家企业入驻。2014年8月21日，在北京市经信委的组织下，北京中关村产业园与张家口达成协议，决定在张家口市张北县建设主体投资约 150 亿元的张北云联数据中心、"京北云谷"云计算与智慧产业基地。根据规划，云计算产业基地总体目标是到 2020 年数据中心规模达到 150 万台服务器，支撑"9 + N"①云应用服务平台建设，基地入驻企业 200 家以上，相关产业规模突破 1000 亿元。目前多家互联网企业正把他们的数据中心建到张北云计算基地。这些企业中，有阿里巴巴、赛尔，将来还可能有微软、惠普。如果成功，这里将建成规模为 50 万台服务器的跨国云端数据中心，而这也将成为全球最大的云端数据中心。

（3）廊坊市建设北方大数据中心。2015 年 11 月 21 日，在国家工信部组织的京津冀产业转移系列对接活动中，廊坊市与京东、浪潮等集团签署协议，就数据存储、云服务、大数据相关产业展开深度合作。京东集团和廊坊市签约，计划投资 395 亿元，共建北方大数据中心项目。浪潮集团也与廊坊市签约，计划投资 15 亿元，就数据存储、云服务等展开合作。此前，中国电子信息产业集团、戴尔、浪潮等 20 多家企业已与承德签约，一批项目相继运营。

3. 数据应用层部分

（1）多个重点城市正在搭建智慧城市的框架。2015 年 9 月，河北省与神州数码签署了"智慧河北"的战略合作协议。随后，神州数码在河北全省范围内开展智慧城市、智慧农业、低碳工业、云安全等领域合作，全方面提升河北省的信息化发展水平。截至目前，神州数码已与河北省秦皇岛、沧州、承德等县市签署了智慧城市战略合作协议，并在秦皇岛、沧州建设运营了公共信息服务平台。

（2）京津冀大数据交易中心启动。2015 年 12 月 3 日，河北大数据交易中心在北京中关村宣布启动。承德市政府与北京数海集团共同

---

①　政务云、工业云、商务云、教育云、交通云、环保云、食品药品安全云、健康云、旅游云等。

投资 2 亿元，将该中心打造成全国第一家数据资产证券化服务机构、华北地区首家数据资产交易平台。河北大数据交易中心主要从事数据资产登记、数据资产托管管理、数据商品交易等业务。它的成立，将打破行业间数据共享的壁垒，盘活京津冀地区的数据资源，实现数据资产的有效利用，并与全国第一家数据交易平台"中关村数海大数据交易平台"实现对接，打通京津冀大数据走廊。据估算，随着河北京津冀大数据交易中心启动，京津冀区域五年内能建成全国最大的大数据交易市场，总交易规模超过千亿元。

第三节　京津冀大数据产业发展的优势比较

一　信息产业发展基础比较

大数据是信息技术发展的更高阶段，信息产业的发展也是大数据产业发展的基础。在信息产业发展中，北京在京津冀三地中处于绝对的领先地位。2015 年北京市信息传输、软件和信息技术服务业地区生产总值为 2383.9 亿元，同期天津市的信息传输、软件和信息技术服务业的全市生产总值为 268.23 亿元，这与政府的重视和财力、物力的大量投入密不可分。2015 年北京市信息传输、软件和信息技术服务业固定资产投资 242.70 亿元；天津和河北也加大了对信息产业的投入，2015 年天津市信息传输、软件和信息技术服务业固定资产投资为 171.37 亿元；河北省为 133.50 亿元（见图 4 – 4）。

完善的基础设施和高速发展的信息业也吸引了更多的专业技术人员从事这一行业，如图 4 – 5 所示，2015 年末，北京市信息传输、软件和信息技术服务业从业人员达到 92.20 万，远远领先于河北的 28.14 万（2014 年数据）和天津的 14.88 万。因此，在三地中，北京具备更加完备的信息业发展基础，拥有更多的专业人员。

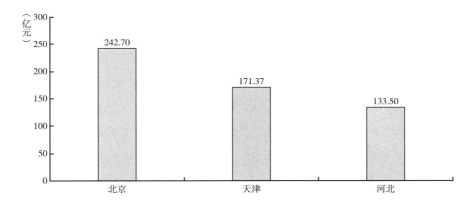

**图4－4　2015年京津冀信息传输、软件和信息技术
服务业固定资产投资比较**

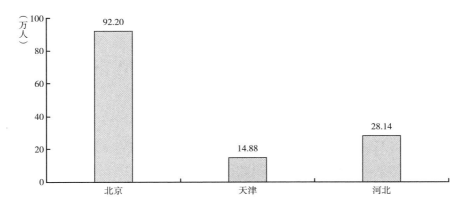

**图4－5　京津冀信息传输、软件和信息技术服务业
从业人员数量比较**

二　软件产业总体发展状况比较

软件是大数据产业发展的核心，大数据产业发展的各个环节都离不开专业技术软件。相较而言，三地的软件产业发展差距也比较大。从软件企业数量和软件业务收入两个指标上看，北京均居于三地之首。如图4－6所示，至2015年底北京共有软件企业2655家；天津

共有518家，河北共有284家。在软件业务收入上，北京也领先于其他两地，如图4－7所示，2015年北京市软件业务收入5422.87亿元，天津为1007.85亿元，河北为184.47亿元。因此从总体上说，北京的软件产业比天津和河北发展速度更快，产业规模更大。

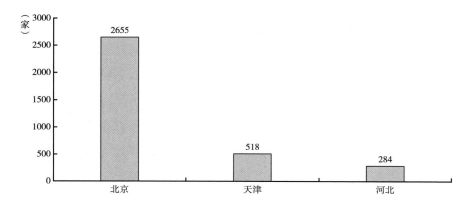

图4－6 2015年京津冀软件企业数量比较

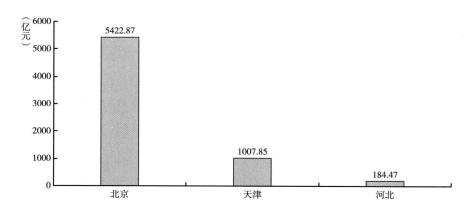

图4－7 2015年京津冀软件业务收入比较

三 软件产业项目分类比较

虽然北京的软件产业发展水平远远领先于天津和河北，但软件产业中细分了各个类目，具体分析来看，三地对于软件产业发展的侧重点也有不同。

如表4-1、4-2所示，北京的信息技术服务收入、软件产品收入等都很高，是其他两个地区的几倍甚至几十倍；而天津的嵌入式系统软件收入和集成电路设计收入则都高于其他两个地区，特别是嵌入式系统软件收入这一项，相当于北京同类项目收入的10倍左右（见图4-8）；而河北的软件产业发展相对于其他两个城市来说较弱，软件产品收入、信息技术服务收入、嵌入式系统软件收入均远远低于北京、天津。

表4-1 2014~2015年京津冀软件业务收入分类统计

单位：个，亿元

省份 \ 类目	企业个数		软件业务收入		软件产品收入		信息技术服务收入		嵌入式系统软件收入	
年份	2014	2015	2014	2015	2014	2015	2014	2015	2014	2015
北京	2723	2655	4796.58	5422.87	1841.98	2171.23	2942.72	3237.39	11.87	14.25
天津	609	518	906.88	1007.85	246.12	250.26	546.73	616.19	114.04	141.40
河北	286	284	149.90	184.47	37.06	33.71	111.22	148.80	1.62	1.96

表4-2 2013年京津冀软件业务收入分类统计

单位：亿元

省份 \ 类目	软件产品收入	信息系统集成服务收入	信息技术咨询服务收入	数据处理和存储服务收入	嵌入式系统软件收入	集成电路设计收入
北京	1554.50	1052.19	298.69	1216.44	7.47	81.35
天津	205.01	89.28	83.17	99.06	112.66	122.21
河北	35.86	90.64	5.34	0.97	1.24	0.18

四 科技研发基础比较

大数据属于高科技产业，因此其研发水平的高低对于产业发展有

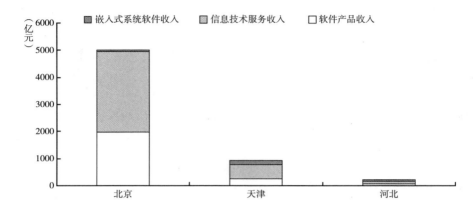

图 4 - 8　2015 年京津冀软件业务收入分类统计

着至关重要的作用。首先从研究与发展（R&D）经费来看，2015 年
北京市全年研究与发展（R&D）经费支出 1367.50 亿元，相当于地
区生产总值的 5.95%；天津市研究与发展（R&D）经费支出 510.18
亿元，占全市生产总值的 3%；河北省用于研究与发展（R&D）经费
支出 340.00 亿元，占全省生产总值的 1.14%。

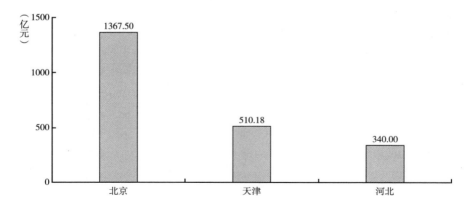

图 4 - 9　2015 年京津冀研究与发展（R&D）经费支出比较

　　其次从专利申请与授权量来看，2015 年北京市专利申请量约为
15.63 万件，授权量约为 9.40 万件；天津市专利申请量约为 8.00 万

件，授权量约为 3.73 万件；河北省专利申请量 4.41 万件，授权量 3.01 万件。

综合以上数据分析可知，北京市研究与发展经费支出数额与占 GDP 的比重均高于其他两个地区，且专利的申请量与受理量也更多，天津次之，河北较少。

五　土地资源比较

与许多产业相同，大数据产业对土地资源也有一定的需求，其后续的扩充也需广阔的发展空间。从地理位置来看，京津冀同处环渤海地区心脏地带，地域相邻。但三地的土地面积和人口密度却具有很大差别。其中北京土地面积 1.64 万平方公里，至 2015 年末全市常住人口 2170.5 万，常住人口密度为 1323 人/平方公里；天津土地面积 1.19 万平方公里，年末全市常住人口 1546.95 万，人口密度约为 1300 人/平方公里；河北省土地面积 18.88 万平方公里，年末全省常住人口 7383.75 万，人口密度约为 391 人/平方公里（见图 4 - 10）。从以上数据可以看出，与京津地区相比，河北省土地面积大，人口密度小，具有更大的空间发展潜力。

六　人力资源比较

无论任何产业，人力资源都是产业发展的根本，而拥有更低的劳动力成本，将为企业节约更多的资源，更有效地提高企业竞争力，推动企业良性运转，从而推动整个产业的发展。据统计，2015 年北京市全年城镇居民人均可支配收入为 48458 元；天津市全年城镇居民人均可支配收入为 34101 元；河北省全年城镇居民人均可支配收入 16647 元。以上数据非常直观地显示，河北省拥有更低的劳动力成本，天津次之，北京最高。

其次从专业人才方面来看，2015 年北京市共有研究与发展

京津冀都市圈区域图

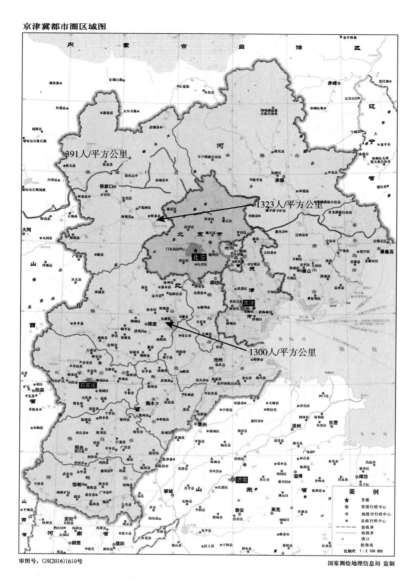

图 4 - 10 京津冀土地面积及人口密度比较

（R&D）活动人员 35.5 万，全市共有 58 所普通高校和 80 个科研机构培养研究生，全年招收研究生 9.5 万，在学研究生 28.4 万，毕业生 8万；天津市全市共有普通高校 55 所，全年招收研究生 1.80 万，在学研究生 5.30 万，毕业生 1.63 万；河北省共有普通高等学校 118 所，全年招收研究生 1.4 万，在学研究生 4 万，毕业生 1.2 万（见图 4 – 11）。

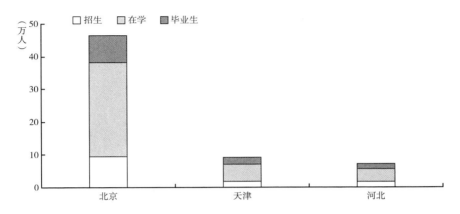

图 4 – 11　2015 年京津冀研究生培养情况比较

可见无论是现有专业人才还是后备人才方面，北京都优于其他两个省市，天津其次，河北最弱。

第四节　推进京津冀大数据产业协同发展

一　京津冀合作构建差异互补的大数据产业链

鉴于大数据产业涉及领域广泛，涉及内容细致繁杂，所需存储空间庞大，数据搜集涉及多个部门，仅靠一个省市构建完善的大数据产业链所需投入的人力物力财力较大，单一的地区可能在基础设施、研发能力、土地资源、人力资源等许多方面受到制约。且根据以上的比较可以看出，北京、天津、河北三地在大数据产业建设基础条件上各有优劣势，不如充分利用三地现有优势，设计适合三地发展并能实现合作共赢的产业规划，在京津冀协同发展战略引导下，共同构建京津冀大数据产业链，让三地在产业链上的布局分配及侧重点上有所差别。取长补短，差异性、互补性发展。

二 发挥北京大数据研发及应用优势

大数据产业的发展需要不断更新提升的高新技术作为支撑，特别是目前国内科技创新能力不强，急需具备软件开发能力的软件企业及具有自主创新能力的研发力量。根据以上的比较可以看出，北京的软件产业发展最快，软件企业最多，软件业务的收入也最高。而且，北京还有相对于其他两个地区更为雄厚的技术研发基础，因此建议在北京建立大数据研发中心，负责大数据新技术的研发。北京可在前沿及共性基础技术上增加研发投入，如实时大数据处理、海量数据存储管理、交互式数据可视化、云计算及应用相关分析技术等；激励企业和科研机构参与技术开发，聚集产学研形成合力，力争在大数据平台级软件上实现突破；加强大数据技术研发方向的前瞻性和系统性，通过技术引进、自主研发、创新实践等培育自主的大数据技术和产品，在世界大数据行业培育核心的技术。

另外，鉴于北京信息产业整体发展领先于其他两地，且北京又是许多国内外大企业总部的集聚地，因此建议将大数据应用中心设于北京，以期将经过挖掘与处理的数据更好地投入应用。

三 挖掘河北土地资源及人力资源成本优势

通过以上分析可知，河北相对于其他两个城市，具有土地资源及人力资源成本优势。而大数据的存储中心恰恰由于受土地和劳动力成本的制约不适合建在中心城市，但又由于招商及维护等方面原因不宜离中心城市过远。因而河北便可充分利用它毗邻京津的地域优势，建立云存储基地，侧重于大数据的搜集及存储服务。

但也应注意，由于河北下设多个城市，城市之间可能会因为总体规划不明确而出现城市大数据产业规划雷同，产品服务同质化，严重的甚至会出现恶性竞争。这就需要省内统一规划大数据产业布局，结合各地优质资源集中谋划，在全省内形成协作互利的大数据存储网络。

四　立足天津大数据发展的基础条件和潜在需求

1. 依托天津大数据相关设备生产及数据分析优势

从以上数据可知，天津的嵌入式系统软件收入和集成电路设计收入都高于其他两个地区，而嵌入式系统是综合了计算机软硬件、传感器技术、集成电路技术、电子应用技术为一体的复杂技术。它在物联网中承担着分析、管理、处置信息的核心作用。物联网产业也是天津着力发展的产业之一，而且天津的云端服务器、存储器、路由器生产也位居国内先进水平。因此建议天津依托大数据相关设备生产及数据分析优势，在天津建立物联网与云计算设备生产基地，为大数据产业提供硬件支撑。

另外还可以依托天津滨海新区云计算产业基地，以国家超算天津中心为基础，借力"天河一号"应用平台，结合计算性能达到百万亿次的天河·天腾系统；包含128个Intel – EX5675 CPU的天河·天翔系统；包含24个节点共计96个CPU的天河·天驰系统，在天津建立云计算中心，提供高质量、高性能的计算与分析服务。

2. 设立天津大数据信息采集管理中心，提升数据价值

大数据产业的基础在数据，数据的最大价值体现在完整性与准确性上，信息采集必须建立在信息完全共享、各部门充分合作的基础上。因此，建议在天津市设立大数据信息采集管理中心，统一进行政府、企业等公开数据的采集管理。中心可利用大数据产业的数据以及电子服务建立政府信息公共网站，提供各系统之间的信息交流平台：一方面负责协调各方面关系，推进政府部门间的信息采集、整理、共

享和应用；另一方面建立公共信息交流平台，实现非秘密信息的共联共享，消除信息壁垒，实现信息无障碍采集，使数据价值最大化。

3. 制订"天津市大数据产业发展规划"，依据优势及需求程度分层实施

政策是推进大数据产业发展的动力，各国政府相继发布了许多政策以推动本国大数据产业的发展。如美国曾发布"大数据的研究和发展计划"，旨在加强政府和学术界的大数据应用能力，最终目的是加强大数据时代的国家安全和科学研究能力；日本政府发布了以大力发展大数据产业为核心的"创建最顶尖 IT 国家"的宣言；澳大利亚出台公共服务大数据政策；法国中小企业、创新和数字经济部发布了《法国政府大数据五项支持计划》。天津市大数据产业发展政策应在《滨海新区大数据行动方案（2013～2015）》的基础上，制定"天津市大数据产业发展规划"，以确立大数据产业发展的整体布局和实施规划，并对优先发展大数据产业的相关企业给予政策支持。鉴于大数据产业涉及领域广泛，同步实施困难，可以组织对现有相关产业、可应用领域进行广泛调查，依据各行业发展现状合理设计产业发展规划，选取优先发展的行业领域，按照发展基础、实施难度，分时段、分层次逐步推进。如根据天津市现代服务业发展趋势，优先发展港口物流、互联网金融等大数据平台建设，基于制造业优势及推动制造业向服务型转变的趋势，优先考虑生产制造型产业的大数据技术应用。

4. 扩大投融资渠道，建立多方参与的产业投资体系

大数据属于高科技产业，数据库建设及应用开发都需要大量资本的前期投入和引导。谁掌握了尖端技术，谁就可以占领市场，而尖端技术的研发，尖端设备的生产都需要资金的支持。应以大数据产业基金方式加大对大数据技术研发、掌握尖端技术企业生产的资金投入，以期拥有更多具有自主知识产权的大数据尖端技术、高端产品。同时进一步拓宽投融资渠道，吸引社会各方面资金的介入，尤其对涉及大数据产业发展的基础设施建设领域，积极探索 PPP 开发模式。鼓励企业与大学和科研院所的产学研结合以及联合开发，引入国内外风险投资与企业共同生产硬件设备，形成以政府为主导、企业、社会共同参与的产业投资体系。

5. 借鉴美国经验，鼓励大数据产业的自主创业

美国大数据的初创企业主要有两个来源：第一来源是大型信息技术企业员工出来创业。大型信息技术企业人才集中，许多有创见的想法不能都得到支持，因而许多专业人员离开企业，独立创业。第二来源则是大学大数据技术转移，即一些教授和学生通过大学技术转移的方式，成立大数据初创企业。鉴于天津市软件企业较少的问题，可借鉴美国的经验，鼓励多种方式的自主创业，如通过颁布相关扶持政策；提供创业基地；提供小额贷款、创业基金等方式，鼓励拥有专利技术的专业技术人员自主创业；鼓励专业技术团队联合创业等。这种方式既顺应了国家对于"大众创业，万众创新"的倡导，也可促进科技成果的快速转化应用，同时还可推进软件产业的发展，为大数据产业构建坚实的技术基础。

6. 发挥科教优势，推动高校和职校培育大数据产业专业人才

在积极引进国内外高级人才的同时，发挥天津市高校资源丰富、职业教育发展领先的优势，有计划地培养短缺的专业技术、应用人才。在高等院校的计算机学科增设大数据技术相关的算法语言、大数据交换等课程，以期为大数据产业提供专业技术人才；在各类经济学院、商学院等增设大数据分析管理课程，以期为大数据产业提供经济学分析和管理人才；在海河教育园的高职院校中，增设大数据查询、大数据项目实践等课程，以期为大数据产业提供实际应用人才。在高校和科研院所的研究领域，积极引入大数据研究，扩大应用领域，培育专业人才。

第五章

区域协同下天津自主创新能力的构建

第一节　区域自主创新能力的内涵

一　问题的提出与价值

1. 自主创新能力问题的提出

自主创新能力是体现一个国家和地区科学技术发展水平的重要标志。提升自主创新能力是建设创新型城市的基本要求，也是天津市实现经济发展模式转变、实施创新驱动发展战略的必然选择。然而，通过对已有文献的检索可以发现，很少有学者关注天津的自主创新能力评价和建设问题，相关文献较为缺乏。而自主创新能力提升是天津实施创新驱动发展战略成功的关键所在，但到底天津自主创新能力的现状如何，存在哪些主要问题，已有的政策该如何进行调整和改进等一系列的问题都需要做深入的研究和探讨，以探索一条切合天津实际情况的自主创新发展道路。

由此，本文着力于天津市自主创新能力评价与提升对策研究，力图通过对天津市自主创新能力的现状评价和与国内其他省市的比较来找出天津市自主创新能力建设存在的主要问题，并提出相应的对策建议。

2. 理论与现实价值

本课题具有重要的理论和现实价值，主要体现在以下两方面。

一方面，从理论上来看，关于本课题所研究的天津市自主创新能力问题目前国内的研究还相对较少，因此本研究有助于弥补区域自主创新能力研究对天津本地问题关注度不高的不足，具有一定的学术价值和理论意义。

另一方面，从现实来看，天津市正在实施创新驱动发展战略，正在建设创新型城市，自主创新能力的提升是其成功的关键，政府相关政策的制定与实施需要结合天津本地特色的学术研究支持。因此，本课题的研究结果将为天津市政府提升相关政策决策质量提供参考和借鉴，具有一定的现实意义和参考价值。

3. 主要研究方法

本文所采用的研究方法主要包括以下几种。

（1）文献研究。对国内外相关文献进行研究是把握学科发展动态，进而谋求理论创新的基础。本文主要通过多种渠道收集相关文献，具体为：①国内外的电子数据库，包括国内的中文期刊全文库（维普）、中国期刊全文数据库（CNKI）、万方数字化期刊、中国学位论文全文库（万方）、中国优秀硕博论文全文数据库、人大复印资料、超星数字图书馆、中国数字图书馆等，国外的 EBSCO、JSTOR、PQDD、Emerald、Springer Link、ScienceDirect 等；②学术期刊和专著，主要是未包括在电子数据库中的学术期刊和相关研究专著；③相关的学术会议，主要包括一些尚未发表的有价值的工作论文；④网络搜索，主要利用 Google 学术搜索来收集一些国内外数据库中找不到的研究信息。

（2）访谈法。访谈法是指采取与研究对象直接面对面的访问、交谈的方法来收集相关研究资料和数据的方法。与其他研究方法相比较，访谈法有以下两个显著的优点：一是研究者能够对访谈对象的想法和观点有直观印象，并识别访谈对象的真正想法；二是能够通过与访谈对象的互动来获取全面、详细的信息。但这一方法的缺点也很突出，如对参加访谈的研究者要求较高，需要有一定的技巧，再如访谈法费时费力，需要访谈对象的配合等。在本研究进行过程中，为了了解天津自主创新能力的实际情况，课题组分别与部分政府部门和一些企业家做了非结构化的访谈。

（3）比较研究法。比较研究法是根据一定的标准，对两个或两个以上有联系的事物进行考察，寻找其异同，探求其普遍规律与特殊规律的方法。本研究重点对天津与上海、北京等国内重点城市的自主创新能力进行比较研究，为天津提升自主创新能力提供参考和借鉴。

二　文献回顾与述评

1. 区域自主创新能力的内涵研究

目前，国外学者对区域自主创新能力的内涵和内容做了大量研究。Stern、Porter and Furman（2000）认为一个区域的创新能力最主要由 R&D 存量决定，无论企业 R&D 还是政府 R&D，都能资助新技术、发明、设计和创新生产方式，从而影响创新能力的 R&D 边际产出。Doloreux（2002）认为区域创新系统的构建是提高区域自主创新能力的基础。Cooke（2005）认为区域所拥有的知识存量构成了区域创新能力的核心内容。Nizar Becheikh 等（2006）根据相关程度将创新能力指标划分为直接指标和间接指标两类。

国内学者对区域自主创新能力的内涵方面研究较少，多数学者都是基于企业技术创新视角对自主创新的内涵进行界定。江蕾（2008）提出了区域自主创新能力的内涵与结构要素，将区域创新能力定义为区域自主创新行为组织将创新构想转化为新产品、新工艺和新服务的综合能力。焦少飞（2009）、王鹏（2011）认为区域创新能力指的是区域创新主体的研发能力、吸收能力和组织能力。

2. 区域自主创新能力的评价研究

区域自主创新能力评价的研究是我国学者关注的重点之一，中国科技发展战略研究小组每年都会推出对中国各省份科技创新能力的评价报告。王峰（2010），张目、周宗放（2010）分别研究了我国国家高新区和高新技术产业自主创新能力培育与评价指标体系，并构建起自主创新系统。刘和东（2010）从技术溢出效应的角度出发比较我国 29 个省份的自主创新能力，并提出相应的对策建议。杨屹、薛惠娟（2010）通过建立产业技术自主创新能力评价指标体系，运用因子分析法对国内 28 个省区市的产业自主创新能力进行测评。

总体来看，我国学者对于区域自主创新能力的评价体系设计具有以下几个特点：一是指标体系的构建都比较严格地按照一条逻辑主线展开，或以结果表象为出发点，或以能力构成要素为基准点，或以过程要素来展开；二是由于都是围绕自主创新能力，指标体系构成的基本要素重复率较高；三是指标体系中虽然也或多或少考虑到整个区域的创新氛围营造或创新精神形成等文化因素，但创新能力投入或产出方面的指标依然占据主导地位，至于区域的多样性、生活质量、生活成本方面的因素基本被忽略。

3. 区域创新能力的提升策略研究

我国学者对区域创新能力的提升策略也较多。例如，徐从才、盛朝迅（2009）在对江苏省自主创新能力评价的基础上，提出要重视 R&D 经费占 GDP 比重、关键技术自给率和技术进步贡献率三个关键指标，探索自主创新的机制和途径，大力推进教育创新，培养具有创新精神实践能力的创新人才等策略。再如，王鹏、李健和张亮

（2011）通过构建自主创新能力评价指标体系，对中部地区各省2007～2009年自主创新能力进行分析，认为中部地区各省自主创新能力偏弱，提升中部地区自主创新能力应从完善区域协调发展政策、加大研发投入、推行产学研合作战略以及合理承接国际及东部产业转移等方面入手。

4. 对天津市自主创新能力的研究

从已有文献来看，关注天津自主创新能力建设的文献相对缺乏，已有文献主要集中在产业层面，如靳文志（2007）对天津市电子信息产业自主创新能力问题进行了研究，许爱萍（2015）对天津先进制造业自主创新能力提升路径进行了分析等。而直接研究天津区域层面的文献更少，主要有邓向荣、焦宝松（2008）基于天津创新产业的集聚与创新能力的培育对天津城市自主创新能力的研究以及刘建军（2013）对天津滨海新区金融改革创新能力评价研究等少量文献。

5. 对国内外研究的述评

总体来看，区域自主创新能力问题受到国内外很多学者的关注，他们从不同角度对之进行了研究，为以后的进一步深入研究奠定了很好的基础。但是，学者对天津的自主创新能力问题研究相对较少，而天津市正在大力实施创新驱动发展战略，提升自主创新能力是其中的关键，这正为本课题的研究提供了机会。

第二节　天津市自主创新能力评价

一　天津市自主创新能力评价指标体系的确定

为了对天津市自主创新能力进行较为客观的评价，也便于将天津市的自主创新能力与全国及北京、上海等领先城市进行比较，课题组对涉及区域创新、创新城市评价的研究成果进行了深入分析。在参考《OECD 科学技术和工业创新记分牌》《欧盟创新记分牌》《全国科技进步统计监测报告》《中国区域创新能力报告》《中国区域创新能力监测报告》等指标体系的基础上，本文从创新环境、创新资源、企业创新、创新绩效四方面对创新能力进行评价，所确定的天津市自主创新能力评价指标体系如表 5-1 所示。

表 5-1 天津市自主创新能力评价指标体系

一级指标	一级指标权重	二级指标	监测标准（2014 年全国平均水平）	二级分项权重（%）
创新环境	25%	万人大专以上学历人数（人/万人）	1152.70	20
		百万人有效商标注册数（件/百万人）	5384.03	20
		万人国际互联网上网人数（人/万人）	4742.95	20
		信息传输、软件和信息技术服务业固定资产投资比重（%）	0.80	20
		人均地区生产总值（元）	46629	20
创新资源	25%	R&D 经费支出占地区 GDP 的比重（%）	2.05	20
		地方财政科技支出占地方财政支出的比重（%）	2.23	20
		科学研究和技术服务业新增固定资产占比（%）	1.13	20
		万人 R&D 全时当量（人年/万人）	27.13	20
		万人国际科技论文数（篇/万人）	3.60	20
企业创新	25%	企业 R&D 支出占主营业务收入比重（%）	0.84	20
		企业科学研究经费支出占企业 R&D 支出比重（%）	2.78	20
		科研机构和高校 R&D 经费支出中企业资金占比（%）	12.92	20
		企业 R&D 研究人员占就业人员比重（%）	0.38	20
		有研发机构的企业占工业企业比重（%）	12.62	20

一级指标	一级指标权重	二级指标	监测标准（2014 年全国平均水平）	二级分项权重（%）
创新绩效	25%	万人发明专利申请数（件/万人）	5.86	20
		万人发明专利授权数（件/万人）	1.19	20
		万人发明专利拥有量（件/万人）	5.18	20
		高技术产业增加值占生产总值的比重（%）	4.79	20
		劳动生产率（万元/人）	7.16	20
备注	公式计算说明：天津市自主创新能力等于一级指标乘以各自权重之和；一级指标等于各分项二级指标除以监测指标再乘以各自权重之和			

二 天津市自主创新能力现状评价

利用前文所确定的自主创新能力评价指标体系，经过计算可以得出 2014 年天津市的自主创新能力得分为 198.3 分（见表 5 - 2），高于全国平均水平 98.3 分（以全国平均水平为 100 分），这充分说明天津的自主创新能力在全国处于较为领先的位置。

表 5 - 2　天津市自主创新能力评价计算

一级指标得分	一级指标权重	二级指标	监测标准（2014 年全国平均水平）	二级分项权重（%）	2014 年天津实际水平
创新环境 162.2 分	25%	万人大专以上学历人数（人/万人）	1152.70	20	2284.88
		百万人有效商标注册数（件/百万人）	5384.03	20	6008.2
		万人国际互联网上网人数（人/万人）	4742.95	20	5959.88
		信息传输、软件和信息技术服务业固定资产投资比重（%）	0.80	20	1.20
		人均地区生产总值（元）	46629	20	105231

续表

一级指标得分	一级指标权重	二级指标	监测标准（2014 年全国平均水平）	二级分项权重(%)	2014 年天津实际水平
创新资源206.0 分	25%	R&D 经费支出占地区 GDP 的比重(%)	2.05	20	2.95
		地方财政科技支出占地方财政支出的比重(%)	2.23	20	3.78
		科学研究和技术服务业新增固定资产占比(%)	1.13	20	2.49
		万人 R&D 全时当量（人年/万人）	27.13	20	74.72
		万人国际科技论文数（篇/万人）	3.60	20	7.95
企业创新190.8 分	25%	企业 R&D 支出占主营业务收入比重(%)	0.84	20	1.15
		企业科学研究经费支出占企业 R&D 支出比重(%)	2.78	20	3.12
		科研机构和高校 R&D 经费支出中企业资金占比(%)	12.92	20	26.39
		企业 R&D 研究人员占就业人员比重(%)	0.38	20	1.52
		有研发机构的企业占工业企业比重(%)	12.62	20	12.68
创新绩效234.2 分	25%	万人发明专利申请数（件/万人）	5.86	20	15.42
		万人发明专利授权数（件/万人）	1.19	20	2.16
		万人发明专利拥有量（件/万人）	5.18	20	9.72
		高技术产业增加值占生产总值的比重(%)	4.79	20	15.27
		劳动生产率（万元/人）	7.16	20	29.06

资料来源：中华人民共和国科学技术部：《中国区域创新能力监测报告》，科学技术文献出版社，2015。

从二级指标来看，在全部的 20 个指标中，天津有 7 个指标位于全国前 3 位，其中 4 个指标位居全国第 1 位，分别是人均地区生产总值、科学研究和技术服务业新增固定资产占比、企业 R&D 研究人员占就业人员比重、劳动生产率；科研机构和高校 R&D 经费支出中企业资金占比指标居全国第 2 位；万人大专以上学历人数和 R&D 经费支出占地区 GDP 的比重两个指标则居全国第 3 位。而在其余的 13 个二级指标中，除了万人 R&D 全时当量（全国第 12 位）、企业科学研究经费支出占企业 R&D 支出比重（全国第 16 位）两个指标以外，其余指标也均位于全国前 7 位。

从一级指标来看，天津在创新环境、创新资源、企业创新和创新绩效等方面的得分也都远远高于全国平均水平，其中：创新环境得分162.2 分、创新资源得分 206.0 分、企业创新得分 190.8 分、创新绩效得分 234.2 分。

三 天津市自主创新能力与北京、上海的比较研究

为了更好地认识天津在自主创新能力方面建设存在的不足，课题组利用同一评价方法对国内公认的在自主创新能力方面领先的北京和上海的自主创新能力进行了评价，发现天津与这两个城市相比确实存在较大差距：北京、上海两市的自主创新能力得分高达 353.5 分和232.8 分，均远远高于天津的自主创新能力得分（见图 5 - 1）。

为了进一步了解天津市与北京、上海在自主创新能力方面的差距，课题组又从创新环境、创新资源、企业创新、创新绩效等四方面做了进一步的比较，如图 5 - 2 所示。

从中可以看出，天津在创新环境、创新资源和创新绩效方面都与北京和上海有较大差距。尽管天津在企业创新方面要比北京和上海活跃，但是结合创新的产出与创新绩效来看，实际上天津的创新效率要远远低于北京和上海。要想在自主创新能力方面奋起直追，天津需要

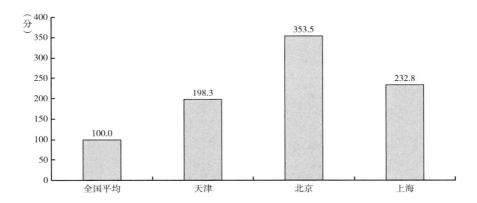

图 5 – 1　天津、北京、上海自主创新能力得分比较

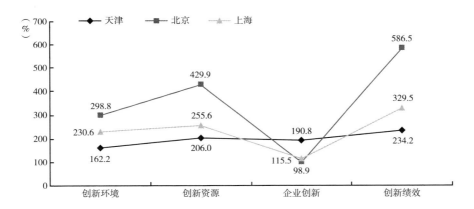

图 5 – 2　天津、北京、上海自主创新能力的分项比较

在营造良好的创新环境、加大创新资源投入、提高创新效率等方面向北京和上海学习。

四　天津市在自主创新能力建设方面存在的不足

研究发现，天津市在自主创新能力建设方面仍然存在以下不足。

1. 天津在创新发展方面成效显著，但鲜为人知、名声不显

近年来，天津大力实施创新驱动发展战略，取得了非常显著的成绩，除了前文所提到的数据以外，根据科技部全国科技进步统计监测

及综合评价课题组发布的《2014 全国科技进步统计监测报告》，天津地区综合科技进步水平指数为 78.63%，已经连续两年居全国第 3 位，仅次于北京和上海，特别是代表城市创新能力方面的关键指标，如万人发明专利拥有量、万人科技论文数、万人 R&D 研究人员数、高技术产业劳动生产率、知识密集型服务业劳动生产率等指标均居全国前 3 位。然而，上述成绩却鲜为人知，在绝大多数的国人印象中，天津并不属于创新特别突出的城市。例如，在《财富》（中文版）推出的 2015 年对企业家和创业者最具吸引力的中国十大创业城市评选中，天津名列第 8 位，不仅落后于传统的北上广深等一线城市，而且也落后于杭州、苏州、成都等二线城市。

天津市在创新发展方面名声不显的原因是多方面的，课题组认为，与主要竞争对手相比，天津在全国性媒体上对自身创新发展宣传不足可能是其中非常重要的原因。

一是虽然天津市在创新发展方面做了大量的宣传工作，在稿件总量上远超主要竞争对手，但是在全国性网络媒体上的宣传却相对较少。例如，根据百度搜索结果的首页，天津市创新发展的宣传稿件大多来源于北方网、天津政务网、天津广播网等本地媒体，而深圳、成都等主要竞争对手对创新发展的宣传却主要集中在凤凰网、中国新闻网、人民网等全国性媒体。

二是在全国性平面媒体宣传方面，天津市更是少于主要竞争对手。例如，自 2011 年 6 月和 7 月开始至今，江苏和广东就分别在《科技日报》上设立《创新江苏》和《创新广东》的每周专版来介绍各自的创新发展成果和动态，持续时间已近 5 年；深圳在 2014 年 12 月至 2015 年 8 月也仿效江苏和广东的做法，在《科技日报》上设立《创新深圳》的每周专版来宣传深圳创新，取得了良好效果。

三是在电视媒体宣传方面，一些竞争对手也走在了天津市的前面，他们甚至开始尝试在全国性媒体上进行广告直投。例如，2015年成都在CCTV投放创新创业为主题的城市形象宣传广告取得良好效果后，2016年更是斥资3466万元继续在CCTV《新闻30分》栏目隔天投放"成都都成"的15秒城市创新宣传片。

四是在可视为间接宣传的城市创新名片——知名企业方面，天津市与主要竞争对手的差距更大。例如，大多数国人提到深圳创新，会联想到华为、腾讯，提到北京创新，会联想到百度、京东，提到杭州创新，会联想到阿里巴巴，而提到天津创新，却很难联想出一个全国公认的创新型企业。

2. 与北京、上海相比，天津在创新环境、创新资源、创新绩效方面还存在较大差距

通过将天津与北京、上海比较，可以发现：在创新环境方面，北京、上海的得分分别比天津高136.6分和68.4分；在创新资源方面，天津得分分别比北京和上海低223.9分和49.6分；在创新绩效方面，天津与北京、上海的差距也非常大，得分分别低352.3分和95.3分。

3. 与发达国家相比，企业研发投入不足、R&D结构不合理的问题突出

长期以来，天津市企业非常注重研发工作，研发强度（企业R&D经费支出占主营业务收入比重）一直位居全国前列，其中2014年研发投入强度达到1.15%，比全国平均水平（0.84%）高0.31个百分点，仅次于上海、广东、浙江、北京等省市。然而，与美国、日本、德国等发达国家企业的研发强度普遍在2%以上相比，天津仍然差距较大。

此外，天津市企业R&D结构不合理的问题也非常突出。据统计，发达国家企业R&D结构中应用研究的比例相对较高，如美国为14.54%、英国为39.52%、日本为19.30%、意大利为52.14%、韩国为16.61%，而天津市仅为3.13%。天津市企业的研发投入实际上大部分集中在实验发展方面，但实验发展方面的高额投入并不足以支撑天津市自主创新能力的提升。

五 天津市提升自主创新能力的政策建议

针对研究中所发现的问题，课题组提出以下政策建议以期提升天津市自主创新能力。

1. 进一步加强天津创新发展宣传

为了让全国人民更好地了解天津创新发展成果和工作动态，改变名声不显的传统印象，建议进一步加强相关宣传，采取以下五项措施。

（1）制定并实施天津创新发展宣传提升计划。天津创新发展宣传，是一项非常复杂的系统性工程，必须加大宣传力度，统筹各种资源，有重点、有计划地积极推进。因此，建议有关部门制定并实施天津创新发展宣传提升计划，通过全方位、多角度、深层次地展示天津创新发展成果来逐步扭转天津创新在国内名声不显的局面。

（2）通过扩大本地媒体在全国的影响力来宣传天津的创新发展。本地媒体是天津创新发展宣传的基础，要继续加强相关宣传，通过扩大其在全国的影响力来宣传天津的创新发展成果。建议在天津日报、天津电视台、天津政务网、北方网等本地媒体上设立专栏常年持续不断地宣传天津创新发展成果和最新动态，并注重提炼总结天津的创新发展特色和成功经验，进一步打造精品节目和优质稿件，通过提高精品节目、优质稿件在全国的收视率、转载率来加强对天津创新发展的宣传。

（3）在全国性媒体，特别是中央媒体加大对天津创新发展的宣传力度。建议：一是大力提高报送央视等中央级媒体的稿件和节目质量，力争中央媒体更多地报道天津的创新发展；二是效仿江苏、广东等兄弟省市的做法，在《科技日报》一类的中央媒体上设立长期的专版或者专栏来介绍天津的创新发展成果；三是尝试在央视等影响力大的电视台投放宣传天津创新的形象宣传公益广告；四是在人民网、新华网、光明网、新浪网、搜狐网等国内知名网络媒体头版加大有关天津创新的稿件投放力度和频次，在微信、微博、论坛、视频网站等新兴媒体定期对天津创新发展进行宣传。

（4）深入推进科技小巨人升级版，打造天津创新的城市名片。"打造科技小巨人升级版"是市委、市政府在深入实施创新驱动发展战略方面的重大决策部署，建议在其实施的领军企业培育工程基础之上选择 1～2 家面向大众消费的创新型企业作为龙头进行重点帮扶，力争在最短时间内将之打造成为全国知名的科技企业，使之成为天津创新发展的城市名片。

（5）建立动态监控机制。动态监控是天津创新发展宣传提升计划成功的关键。一方面，要对天津创新发展宣传提升计划的具体实施情况进行动态监控，以便了解掌握并及时解决计划执行过程中存在的问题，确保所制定的各项措施能够落实到位，取得预期效果；另一方面，要对北京、上海、深圳、成都等主要竞争对手的创新发展宣传动向进行实时监控，及时发现一些好的做法和经验教训，并在实际工作中学习借鉴。

2. 降低创新成本，营造良好的创新环境

（1）降低企业创新的研发成本。研发是企业创新的核心环节，要采取多项政策举措帮助企业降低研发成本，建议：一是加快落实企业研发费用加计扣除政策，切实降低企业研发成本，并支持企业建立研发准备金制度，对其按规定支出、符合加计扣除政策，且属于国家重点支持的高新技术领域的研发项目，给予一定比例的财政补贴；二是建设、开通天津市大型仪器设备共享平台，为企业研发提供设备租赁、网上预约、委托试验等多种服务；三是积极推动建立京津冀大型科学仪器协作共享平台和开展京津冀三地科技创新券互认互用试点，帮助企业利用京津冀三地的科技资源进行创新；四是向全市推广天津自创区的"创新创业通票"制度，扩大政策惠及面，进一步提高向企业免费发放的科技创新券数额，降低企业购买创新相关服务、技术的成本；五是建立天津市公共数据资源云平台，在依法加强安全保障和隐私保护的前提下，向企业和社会进行开放试点，引导鼓励企业开展大数据创新应用研究，帮助企业针对客户需求实现精准研发；六是鼓励企业建设研发中心、工程技术中心和技术创新中心，支持其牵头申报各级科技计划项目，并对成功项目予以配套的补助资金支持。

（2）降低企业创新的技术获取成本。企业创新的技术获取成本主要包括从外部直接购买相关技术（含专利）、引进相关研究人员、收购国内外研发机构等方面，建议：一是支持建立企业为主导、产学研合作的产业技术创新战略联盟或者研发公共服务平台，开展重大产业关键共性技术、装备和标准的研发攻关，并向企业低价或者免费共享；二是建立包括业内专家、高校、研究机构和企业在内的，开放共享互动的技术创新网络，促进创新知识在网络内流动和传播，降低企业获取新知识、新技术的成本；三是在安居保障、子女入学、医疗健康、职称评审等方面为企业引进人才提供一系列的优惠服务，鼓励企业通过博士后工作站培养人才，试点将在站博士后纳入计划进行管理，并给予一定的研究经费补贴；四是鼓励企业收购海内外的科技企业或者研发机构来获取相关技术、人才和资源，在并购贷款、并购债券、并购基金、定向可转换债券、换股收购、卖方融资、外汇筹集等方面予以政策支持；五是支持企业通过网络平台将部分设计、研发任务进行众包，促进成本降低和提质增效，推动产品技术的跨学科融合创新。

（3）降低企业创新的市场推广成本。企业创新要真正实现效益，必须将创新的成果进行推广。因此，降低企业创新的市场推广成本也是降低企业成本的重要途径。建议：一是加大创新产品和服务的政府采购力度，采用首购、订购等非招标采购方式促进创新产品的研发和规模化应用；二是借鉴国内外经验，建立创新产品与服务远期约定政府购买制度，降低企业创新产品和服务的市场风险和推广成本；三是建立首台（套）重大技术装备保险补偿机制，对生产国家首台（套）重大技术装备目录内装备产品且投保首台（套）重大技术装备综合险的制造企业，进行一定的保费补贴；四是鼓励企业以实物众筹等创新方式筹集创新资金、进行创意展示、发现市场价值和检验顾客对产品的接受度，并对众筹成功的企业给予一定的资金支持。

（4）降低企业创新的失败成本。创新是风险非常高的活动，失败是常态，成功才是小概率。因此，为了激励企业主动创新，要宽容失败，为创新尝试者提供最大的支持和保障，多措并举降低企业的创新失败成本。建议：一是试点建立企业创新失败风险补偿机制，利用PPP模式由政府、行业协会、企业共同成立企业创新失败补偿基金，对于经评估，确属企业先行投入、开展的重大产业关键共性技术、装备和标准的研发攻关项目，失败时给予一定的资金补偿；二是鼓励保险公司开展企业关键创新研发项目保险服务，并给予参保企业一定的保费补贴；三是对于企业承担的、财政资金资助的科研项目未达到预期，但经审查研究目标确实无法完成、研发过程符合各级法律法规及企业的相关规定，研究人员勤勉尽责，未谋取私利的，允许正常结项，不进行财政资金追回，且不做负面评价，不影响企业和相关人员再次获得新的资助；四是探索建立创业失败政府兜底机制，使创业者在失败之后依然能够有一定的生活保障，打消创业者的后顾之忧。

3. 引导企业加大研发投入和调整不合理的 R&D 结构来提升自主创新效率

加快建设全国先进制造研发基地，提升企业自主创新能力的首要任务是引导企业逐步加大 R&D 经费投入，力争使研发投入强度增加到 2% 以上。但是，由于企业的资源是有限的，而且在当前经济形势不景气的情况下，大幅增加经费投入并不现实。但是通过调整不合理的 R&D 结构来提升自主创新效率较为容易，建议政府积极引导企业加大对应用研究的投入，使其占比逐步增加到 10% ~ 15% 的发达国家平均水平。

4. 充分利用建设全国先进制造研发基地的历史性机遇

建设全国先进制造研发基地是《京津冀协同发展规划纲要》（以下简称《纲要》）中党中央、国务院对天津所确定的四大功能定位之首。2016 年 5 月 11 日，天津市出台了《天津市人民政府关于推进供给侧结构性改革加快建设全国先进制造研发基地的实施意见》（津政发〔2016〕14 号文件，以下简称《意见》）从"坚持创新驱动，加快动能转换""促进转型升级，提高质量效益""降低制造成本，减轻企业负担""深化改革开放，释放制度红利"四个方面对建设国家先进制造业研发基地做了全面部署。因此，应利用这一历史性机遇提升天津市的自主创新能力，除了政府已经提出的政策以外，还建议做好以下几方面。

（1）借鉴美国 NNMI 计划经验，在天津市建立一批国家级先进制造业创新研究院。美国 NNMI 计划全称为国家制造业创新网络计划，是美国奥巴马政府最早在 2012 年提出并持续推进，旨在增强美国制造业竞争力、保持美国在先进制造领域领导地位的综合性项目，其主要模式是建立多个先进制造业领域的制造业创新研究院（MII），并以这些 MII 为节点建立起全国性的先进制造业产学研联合网络。NNMI 计划具有以下突出特征：一是聚焦在先进制造业前沿领域的关键共性技术，目前已在增材制造、数字制造与设计、轻质材料制造、集成光子制造、柔性混合电子制造、下一代电力电子制造、先进复合材料制造等领域建立 7 个研究院，并计划到 2022 年共建成 45 个创新研究院（MII）；二是加强顶层设计，通过制定《NNMI 战略规划》明确了国家制造业创新网络计划愿景、使命、目标和体制机制；三是每个 MII 的启动资金由政府、研究机构和制造业企业按照 1∶1∶1 的比例进行配比投入，同时政府还设计了退出机制，通常在 5～7 年向 MII 无偿拨付 7000 万到 1.4 亿美元，前期的支持力度大，2～3 年后逐渐减弱，直至不再拨款；四是每个 MII 并不是新成立的法人实体，实质上是一个网络化组织，一般由政府委托某个非营利机构负责运营，在制定研究计划、选择研究方向与课题、确定承担单位等方面享有充分的自治权和自主权。

美国 NNMI 计划的做法对天津市建设全国先进制造业研发基地具有借鉴意义，建议：一是向中央积极争取政策和资金支持，并辅以配套资金，采用 PPP 模式在天津市建立一批先进制造业前沿领域的国家创新研究院来共同研发先进制造业前沿领域的关键共性技术；二是制定出台天津市先进制造业国家创新研究院建设的战略规划，以顶层设计的形式来对创新研究院的目标、体制机制等做出明确规定；三是委托专门机构负责创新研究院的运营，并赋予其充分的自治权和自主权。

（2）借鉴以色列成功经验，积极试点新型孵化器计划。成果转化是建设全国先进制造业研发基地中非常重要的一环，而融资困难则是长期制约成果转化的重大瓶颈，而早已成为创新典范的以色列孵化器计划给解决这一难题提供了新的思路。与我国已有的孵化器计划模式不同，以色列的孵化器计划有四个突出特点：一是采用公私合营（PPP）的运营模式；二是按照项目的创新程度，由政府承担最大风险，政府最高可以提供 90% 的资金支持；三是纯公益性，对投资项目无任何股权要求，如果投资项目成功只需收回本金即可，即使投资失败，本金也无须归还，而且也不会向任何人追责；四是即使申请人投资失败，也不影响其再一次申请新的项目支持。建议借鉴以色列孵化器计划的成功经验和运营模式，在天津市试点"以式"新型孵化器计划，积极探索解决科技成果转化融资困难的新途径。

（3）人才政策应更注重柔性引进。人才是建设全国先进制造业研发基地的关键。为了构建一支与其相适应的人才队伍，天津市陆续出台了一系列人才引进与培养的创新举措，如新型企业家培养工程、"131"创新型人才培养工程、"千人计划"、"千企万人计划"、"人才绿卡"制度等，也引进聚集了一大批创新型高层次人才。然而不容否认的是，与北京、上海等城市相比，天津市对人才的吸引能力仍然存在较大不足，例如，在薪酬方面，从事相同类型的研发工作，天津市的平均薪酬要比北京、上海低 1/3 左右；而在科教资源方面，天津市的差距更大。因此，天津市必须正视这一差距，在已有各项人才引进政策的基础之上，更加注重柔性引进，"不求所有，但求所用"。建议：一是紧紧围绕国家先进制造研发基地重点发展领域对人才智力的需要，制定专项规划，有目的、有计划、有步骤地柔性引进一批国内外专家学者；二是逐步建立"市场主导、政府鼓励、单位自主、逐年递增"的柔性引才引智经费投入保障机制，用于提高对柔性引进人才的待遇补助和促进国内外先进制造业研发网络建设；三是在柔性引进过程中，不唯学历、不唯职称、不唯资历、不唯身份，坚持适用原则；四是在人才流动上，不设壁垒，不限制、不阻碍，来去自由，最大限度地发挥柔性引进人才的作用。

5. 充分利用"一带一路"建设机遇

推进"一带一路"建设，是党中央、国务院根据全球形势深刻变化，统筹国内国际两个大局做出的重大战略决策，对于构建开放型经济新体制、形成全方位对外开放新格局，对于全面建成小康社会、实现中华民族伟大复兴的中国梦，具有重大深远的意义。这也为天津市自主创新能力建设提供了重大机遇，建议如下。

（1）加强与"一带一路"国家的科技合作。一是按照优势互补、互利共赢的原则与"一带一路"沿线国家共同组建一批联合实验室或者研究中心，合作开展重大科技研究，共同提升天津市的科技创新能力；二是制定面向一些欠发达国家的特殊的科技援外政策，如援助他们建设实验室，建立国际科技合作产业园等，帮助这些国家提升本国的科技发展水平；三是在一些发达国家建立远程研究中心，充分利用当地的智力资源进行科技研发；四是建立一批国际技术转移中心，将天津市的一些科学技术向欠发达国家转移，同时积极吸引我国尤其是天津市急需的科学技术向国内转移。

（2）积极支持天津市企业参与"一带一路"建设。一是制定"一带一路"建设科技引领技术清单和鼓励企业参与相关技术研发的特殊支持政策；二是围绕重点技术需要设立"一带一路"建设科技专项，加强基础与应用研究，为解决企业参与"一带一路"建设提供基础支撑；三是建立以企业为主体的"一带一路"建设协同创新机制，与相关国家加强技术合作与协同创新；四是对企业所进行的科技购并、专利收购、科技成果转让等经营活动提供支持性政策；五是鼓励企业在"一带一路"沿线国家设立研发中心，支持企业与高校、科研院所建立联合实验室，积极开展"一带一路"建设的科技研发。

（3）建立多元的科技人才引进与培养机制。一是设立"一带一路"科技人才引进专项基金或者从现有的市级千人计划中划出专门指标用于引进"一带一路"倡议实施中急需的高层次人才；二是与天津大学、南开大学等一批国内高水平大学合作成立"一带一路"科技人才培养、培训基地，共同培养所需要的专门人才；三是鼓励天津市高校与"一带一路"沿线国家进行合作办学，成立"一带一路"网络远程大学，培养"一带一路"倡议实施中急需的创新人才。

第六章

产业协同下的制造业定位与全国先进制造研发基地建设

　　制造业产业关联度高，是国家经济发展的命脉，综观世界各发达国家，无不是依靠制造业的崛起带动经济的发展。随着世界科技的进步，信息技术的发展催生大批高新技术企业，同时，高科技对传统制造业的渗透，也为世界制造业注入新的活力，并由此催生大批先进制造企业。与天津经济发展所处阶段及其发展要求相比，天津制造业发展较为落后，2008年的经济危机倒逼天津制造业结构转型，原有的依靠劳动力、自然资源、资金等要素实现产业经济增长的方式已经不适合时代的发展要求，2012年天津提出壮大实体经济，推动优势支柱产业、战略性新兴产业、传统产业升级发展，做大做强先进制造业、提升核心竞争力的发展要求。自此，天津制造业开始了以产业技术创新为手段，从粗放型向集约型、智能型模式的转型。

　　2013年德国提出"工业4.0"战略，"工业4.0"是指利用信息化技术促进产业变革的时代，即智能化时代。2014年，在中德政府磋商后发表的《中德合作行动纲要：共塑创新》中，"工业4.0"是其中一个合作内容，这与《中国制造2025》有异曲同工之妙，与中国国策有很大相似性，这对中国来说是一个很好的发展机会，同时也

是天津制造业发展的好机会。2015 年 9 月，天津市京津冀协同发展
领导小组公布了《天津市贯彻落实〈京津冀协同发展规划纲要〉实
施方案（2015～2020 年）》，确定了天津在京津冀协同发展中的功能
定位，即全国先进制造研发基地、北方国际航运核心区、金融创新运
营示范区、改革开放先行区。推进落实全国先进制造研发基地建设，
有利于提升天津市先进制造业技术创新水平，推动产业的聚集发展和
创新发展，提升产业经济的总体竞争实力。

第一节　影响区域制造业选择的理论 基础与研究前沿

一　理论基础

1. 技术创新理论

目前，国内外学者对先进制造业的地位已经进行深入研究。随着
信息技术、生物技术、新材料技术、新能源技术和现代管理技术等向
传统产业渗透，众多的新兴产业不断涌现，发展先进制造业
（Advanced Manufacturing Industry，AMI）受到世界各国的高度重视。
正如迈克尔·波特（2003）所指出的，国家的竞争力在于其产业创
新与升级的能力。先进制造业发展关乎一国能否占据产业发展的未来
制高点，其发展水平关乎一国的经济安全和竞争优势。因而，先进制
造业被视为"人类社会的首席产业"，发展先进制造业仍然是"人类
社会永恒的主题"（曾春九、蒋兆龙，2003）。我国有识之士也高屋
建瓴地指出，制造业是实现现代化的原动力，现代化必须发展先进的
制造业（宋健，2000）。

国内外学者对先进制造业产业技术创新问题也进行了一定的探
讨。例如，许多国外研究者认为创新能力对于企业而言，可以帮助企

业不断建立新的优势资源，使企业在市场竞争中能够更好地进行资源
或者能力的运用。同时，在企业管理实践中，大多将创新能力视为竞
争优势的核心内容。众多学者的研究结果表明，先进制造技术应用能
够为企业带来竞争优势（Bakos & Treaey，1986；Me Farlan，1984）。
杨道箭和齐二石选择的初始样本9家来自国家信息化测评中心评选的
标杆企业（自2004年开始），18家来自中国企业信息化500强中排
名靠前者（2003~2007年），受控样本为来自中国企业联合会和中国
企业家协会联合发布的中国企业500强中排名前100位的27家企业，
分别对应初始样本中的27家企业，同样以排名来判定先进制造技术
应用能力的强弱，通过配对统计发现具有更高先进制造技术应用能力
的企业会表现出更好的绩效，这些企业具有更高的营业净利率、总资
产收益率、净资产收益率和人均净利润。技术创新就是从意识创新到
产品的具体实现，它贯穿新构思产生→研究与开发→设计新产品模
型→试运行→进行大规模生产→产品推向市场整个过程。因此，创
新能力的构建是知识经济时代企业考虑竞争优势构建的主要内容。
李家祥（2015）认为，必须强化创新驱动带动天津先进制造业的发
展，充分发挥京津冀协同发展的优势，既采取更有力度的举措加强
自主创新，又充分发挥北京科技创新中心的作用，快速弥补天津创
新力量的不足，发挥产业转化的功能，培育一批拥有自主核心技术
的高端产品，打造规模大、数量多的天津品牌，形成高端产业的领
军地位。

2. 产业融合理论

国内外对产业融合的内涵研究主要从四个层面展开。从技术创新
层面看，它是创新技术扩散向其他产业导致共享的现象。Rosenberg，
Gaines等从这个层面展开了深入研究。在产业组织层面，Greenstein
and Khanna、日本的植草益认为产业融合使产业边界的壁垒降低。在
产业发展层面，陈柳钦（2006）提出产业融合是相异产业相互渗透、

交叉、融为一体，进而形成新产业。其特征是出现新的产业或新的增长点。在产业系统层面，胡金星（2007）认为产业融合是系统要素的重构。还有一些学者从模块化、专业化分工、价值链裂变的角度来解释产业融合。

产业融合原因与分类研究主要有技术决定论、需求决定论、综合因素论和竞争协同论四种观点。技术决定论认为技术变革才是产业融合的内在原因。例如 Lei（2000）、Fowler（2002）持有这种观点；需求决定论者认为产业融合是由需求引致的；综合因素论者认为产业融合是各方面因素共同推动的结果，有技术创新、企业竞合、效率追求、市场需求和政府促进等，甚至经济全球化、企业跨产业并购和组建战略联盟、产业结构软化、跨国公司、社会分工、模块化、社会生产力进步和产业间的关联性等均被视作产业融合的动力；竞争协同论者认为产业融合的真正动力在于竞争与协同促进外部负熵流入产业系统，导致产业融合的实现。

产业链融合的价值体现问题是当前的一个研究热点，从国内外学者的研究来看，许多学者认为产业链融合创造了新产业、新的经济增长点。产业链的优化整合是研究产业链形成与发展过程中链条构建与优化升级的实施途径。产业链具有所有权属性和空间属性，既包括产业链内部企业的空间分布，也包含相关产业链的地理空间分布。另外，有些学者对产业链的融合路径进行了研究，例如，程李梅等（2013）提出，我国西部地区承接产业转移要通过实现产业链在区域内纵向延伸、区域间延伸、区域内横向拓展、区域间横向拓展、产业链网结构五种模式进行。

此外，还有一些学者对我国能源产业、文化产业、高新技术等产业领域的产业链相关问题进行研究，主要围绕产业链的内涵、组织形式、优化途径、成长机理和经济效应等方面展开，虽然是一些初步研究，但都具有一定的理论与实践参考价值。综观以上研究，目前从产业链融合的角度对先进制造业发展问题进行研究的成果不多，也不够深入，更没有从京津冀协同发展这一视角对天津先进制造业产业链融合问题进行研究。因此，探讨京津冀协同发展下的天津先进制造业产业链的融合问题，对加速京津冀三地先进制造业产业链对接与协作，提高天津先进制造业产业能级具有一定的参考价值。

3. 产业链理论

产业链的思想最早来自 18 世纪中后期的西方古典经济学家亚当·斯密关于分工的卓越论断。亚当·斯密关于分工的思想是产业链的思想起源，是产业链融合理论的基础。市场环境变化和产品复杂性的提高，逐步催生模块化。模块化是分工经济相联系的经济现象，是分工进一步延伸和深化的结果。产业链融合是产业边界壁垒降低的现象，是相异产业相互渗透、交叉、融为一体，进而形成新产业的过程。由于模块化分工，价值和利润分配也在产业链上发生了变化，产业链变化的实质就是产业分工的变化。

产业链的本质是用于描述一个具有某种内在联系的企业群结构，它是一个相对宏观的概念，存在两维属性：结构属性和价值属性。产业链中存在大量的上下游关系和相互价值的交换，上游环节向下游环节输送产品或服务，下游环节向上游环节反馈信息。我国产业链的研究起步于农业产业链，已经在农业产业链的内涵、类型、组织形式、优化途径、成长机理和经济效应等方面进行了较为全面的研究。

产业链融合的本质是对分离状态的现状进行调整、组合和一体化。产业链的整合是对产业链进行调整和协同的过程。产业链整合是指产业链环节中的某个主导企业通过调整、优化相关企业关系使其协同行动，提高整个产业链的运作效能，最终提升企业竞争优势的过程。

4. 先进制造业基地建设相关问题研究

有学者对先进制造业基地建设进行了初探，例如，李英伟（2013）对泉州市建设先进制造业基地的现状与问题进行了分析，并提出了发展建议。中共天津市委党校课题组（2015）提出要通过建设滨海新区全国先进制造研发基地的制高点，加速天津一个基地、三个区的规划落实。刘欣然（2015）指出，要通过学习国外先进的理念和成功的经验，通过转变政府职能、强化自身创新能力、促进产业集聚、加强与服务业的融合等方式，加速制造业的转型升级，最后发展成为技术实力雄厚的世界级制造业核心区。

二 争论的焦点和存在的问题

目前对天津推进落实全国先进制造研发基地的相关研究较少，主要集中在：一是先进制造业的产业地位，二是对天津先进制造业产业技术创新能力进行初步分析，三是对推进落实全国先进制造研发基地进行思路上的描述，并对天津推进落实全国先进制造研发基地提出建议。但现有的研究提出的对策建议针对性不强，主要问题涉及三个方面。

1. 对提升天津先进制造产业技术创新能力问题缺乏有针对性的建议

对天津先进制造业技术创新发展现状的研究较多，但就科技创新能力和技术商业化、产业化发展环境没有形成准确的分析。自主创新是先进制造业核心竞争力的根本。从技术创新的发生过程来看，创新过程受多重因素的影响，自主创新能力的提升也有自身的规律性，虽然天津大力提倡先进制造业自主创新，但在实践层面上，仍缺乏符合创新发生规律的、系统化的手段加以落实。

2. 对先进制造业与生产性服务业融合问题的研究不够深入

目前我国的产业链研究已经扩展到除农业之外的较为广泛的产业

领域，这些领域主要集中在能源产业、移动通信业、文化产业等，同时还对建筑业、服装业、高新技术产业、生物医药业、会展旅游业等有一些初步的研究。对产业链融合的研究也深入电信、旅游等产业，但从产业链融合的角度探索先进制造业发展战略的研究较少，更没有采用该视角对天津先进制造业的发展进行研究。

3. 现有研究对推进落实全国先进制造研发基地建设路径提及较少

对天津推进落实全国先进制造研发基地的优劣势分析不够深入，无法为推进"基地"建设研究提供研究基础。必须考虑借助国家自主创新示范区建设，通过优化先进制造业产业发展布局、提高创新资金投入、推进企业智能转型等手段，提出提升产业技术创新能力的切实可行的手段，将天津建设成为辐射京津冀、影响全中国的先进制造研发基地。

第二节　工业 4.0 时代与全国先进制造研发基地建设

一　工业 4.0 的概念辨析

目前，工业 4.0 概念广为传播。工业 4.0 概念源于 2013 年德国提出的"工业 4.0"战略，工业 4.0 是指利用信息化技术促进产业变革的时代，即智能化时代，通过将信息技术与制造业深度融合，深度应用 ICT（信息通信技术），建立一个高度灵活、个性化和数字化的产品与服务的生产模式，总体掌控从消费需求到生产制造的所有过程，为消费者提供快速、有效、个性化的产品或服务，其核心目的是实现制造业数字化、网络化、智能化发展，由此实现高效生产管理，提高工业的竞争力，在新一轮工业革命中占领先机。因此，工业 4.0 是以智能制造为主导的第四次工业革命，其终极目的是使制造业脱离劳动力禀赋的桎梏，将全流程成本降到较低，从而实现制造业竞争力的最大化。

　　所谓工业 4.0 是基于工业发展的不同阶段做出的划分。工业 1.0 时代以水和蒸汽动力带来的机械化为标志，实现了机械生产代替手工劳动，经济社会从以农业、手工业为基础转型为以工业以及机械制造带动经济发展的模式。工业 2.0 时代以电力的使用为标志，实现了生产线生产，通过零部件生产与产品装配的成功分离，开创了产品批量生产的新模式。20 世纪 70 年代以后，电子工程和信息技术的加入实现了生产的最优化和自动化。工业 3.0 时代是以电子工程和 IT 技术的采用为标志，实现了生产高度自动化，机械逐步替代人类作业。而工业 4.0 所带来的第四次工业革命，是依靠高级软件和通信的机器设备组建的智能工厂，在生产过程中使用含有信息的"原材料"，实现了"原材料"（物质）＝"信息"，使制造业终将成为信息产业的一部分，所以工业 4.0 将成为最后一次工业革命。而在未来 10 年，人类工业将进入"分散化"生产的新时代，工业 4.0 通过决定生产制造过程的网络技术，实现对整个生产过程的实时管理。

二　工业 4.0 时代先进制造业发展的核心趋势

　　支撑"工业 4.0"的是物联网技术和制造业服务化的兴起[1]。制造业从自动化向智能化演进的过程，也是工艺流程复杂化的过程，企业驾驭复杂工作的能力也必须配套地进行升级，才能充分发掘物理—信息系统的潜力[2]。因此，工业 4.0 的发展离不开智能工厂、智能生产系统、智能物流三大要件。

---

[1]　丁纯、李君扬：《德国"工业 4.0"：内容、动因与前景及其启示》，《德国研究》2014 年第 4 期，第 49～66 页、第 126 页。

[2]　黄阳华：《德国"工业 4.0"计划及其对我国产业创新的启示》，《经济社会体制比较》2015 年第 2 期，第 1～10 页。

工业 4.0 的关键是智能工厂。智能工厂的目标是整合客户和业务合作伙伴，同时也能够制造和组装定制产品。借助物联网技术，企业能组建全球制造网络，整合生产设备、仓储系统，从而提高企业能效，还可以实现多家工厂、多个生产单元所形成的世界级网络的最优化。相对于传统制造工业来说，工业 4.0 背景下的未来智能制造业将以智能工厂为主要形式，形成相对理想化的生产系统，能够最大限度地管理生产、物流等诸多方面，从而为各个顾客进行最优化的产品制造。

工业 4.0 的核心是智能生产系统。在生产过程将智能化技术与自动化技术高度集成，基于高科技的智能生产线能大幅提高生产效率，同时也将满足更多消费者的个性需求，将使工业生产进一步优化，通过可实时应答的灵活的生产系统，实现生产过程的彻底优化。

工业 4.0 的有力保障则是智能物流。由于充分使用了互联网、物联网等现代信息技术，企业的物流资源得以整合，大大提高了供需双方的效率。

智能工厂、智能生产系统、智能物流三个方面构成了工业 4.0 概念的三大主题。这样一种"自下而上"的生产模式革命，不但能节约创新技术、成本与时间，还将培育新的市场。

三 工业 4.0 下建设全国先进制造研发基地的意义

欧洲工业 4.0 重点强调系统的数字化思维，把所有生产单位进行有机衔接，依靠信息物理系统、智能机器人、大数据、数据信息连通、分布式能源、虚拟工厂等工业 4.0 技术促进企业产出个性化、本地化、大规模定制化和生产过程网络化、动态集群化，进而为实现商业模式创新与竞争领域的融合奠定坚实基础[1]。反观天津，

---

① 黄顺魁：《制造业转型升级：德国"工业 4.0"的启示》，《学习与实践》2015 年第 1 期，第 44~51 页。

"天津制造"的支撑点是传统的低成本生产方式，当生产成本上涨、原材料价格波动、劳动力短缺、国际竞争压力加大时，传统的经济增长模式暴露出弊端。国内在传统工业制造上与世界先进制造业还存在较大差距，由于技术落后，天津先进制造业已经遇到发展瓶颈。而工业 4.0 引起中国关注的最大原因是，在我国制造业面临困境的前提下，利用现有的信息技术，并促进其对制造业渗透，实现中国工业化与信息化深度融合，从根本上改变中国制造业落后的局面。

智能化、数字化和服务化是工业 4.0 时代先进制造业的主要发展方向①，需要良好的工业信息化发展作支撑。从德国的经验来看，正是制造技术和 ICT 技术的优势构成了实施"工业 4.0"计划的产业基础②。天津拥有国际级超级计算天津中心、一大批国内知名信息软件企业以及数所国内知名大学。基于自身优势，工业 4.0 是发展制造业面临的难得历史机遇，正所谓亡羊补牢，未为晚也。利用智能工厂，将逐步解决人口老龄化带来的劳动力短缺问题，利用新技术，发展更多灵活的、可持续的和环保的生产线，发展个性化产品，提升产品附加值，这将实现从"天津制造"到"天津智造"的彻底改变，从根本上提升天津先进制造业竞争力。

第三节　天津建设全国先进制造研发基地的基础条件

天津是中国知名的老工业城市，产业基础较好，先进制造业发展态势良好，但与国内外发达地区比较，其在创新能力水平以及创新环境上仍存在一定的差距。

---

① 杜传忠、杨志坤：《德国工业 4.0 战略对中国制造业转型升级的借鉴》，《经济与管理研究》2015 年第 7 期，第 82～87 页。
② 裴长洪、于燕：《德国"工业 4.0"与中德制造业合作新发展》，《财经问题研究》2014 年第 10 期，第 27～33 页。

一 长板分析

1. 天津悠久的制造业发展历史为其发展先进制造业提供技术基础

天津是我国制造业大市，长期以来，各部门持续推动产业结构调整，产业结构不断优化。电子零配件、汽车零配件及整车组装、生物医药产业成为天津产业规划中重点支持发展的产业，产业发展势头良好。近代工业在天津萌芽，为天津的装备制造业发展打下了良好的基础。天津背靠内陆腹地，面朝太平洋，是华北和西北地区重要出海口，优越的地理位置为天津吸引了大量海外投资。天津路网密集，形成四通八达的公路、铁路网络。滨海机场拥有数十条国际、国内航线，是华北地区最大的航空货运中心。保税区、自贸区的建设，为天津发展海外贸易创造了便利。2010 年，天津人均国民生产总值超过 1 万美元，成为继深圳、上海、北京之后，又一个高收入发达地区，对高端制造产品的消费能力不断提高。

天津一直是以传统产业为特色的老工业基地，占据良好的区位优势，资源禀赋条件好，是我国重要的现代工业基地。长期以来制造业发展积存下的产业发展优势条件，为天津市发展先进制造业奠定了基础。天津具有悠久的制造业发展历史，拥有一批历史悠久的传统制造业大企业——天津碱厂、中环电子、天津钢铁等国内知名制造企业；同时，滨海新区聚集了三星电子、维斯塔斯、卡特彼勒等许多国际先进制造业大企业，汇集了国内外大批科研、管理人才以及优秀的产业工人，作为老工业基地的天津具有发展先进制造业的先天优势。以装备制造业为例，作为城市经济的支柱产业，2014 年，天津市装备制造业产值合计 9873.94 亿元，增长 9.0%，占规模以上工业产值的 35.2%，拉动全市工业增长 3.1 个百分点，贡献率达到 43.0%。自 2015 年开始，天津着力发展高端装备、海工装备、民用航空、新能源汽车、集成电路、智能终端、生物医药、石化产业和自行车产业等

18 个先进制造产业。在产业科研投入上，天津高端制造业 R&D 投入长期处于全国前列，以黑色金属冶炼及压延加工业为例，2013 年该产业科研机构数为 101 个，投入研发经费 69.02 亿元，占全市规模以上工业企业研发投入的 23%，研发要素投入加大促进了企业技术创新，也为发展高端化、高质化、高精化的先进制造业奠定了良好的技术基础。

2. 科技型中小企业发展良好，产业集聚效应初步显现

航空航天、装备制造等领域已经形成一定的规模优势，成为拉动天津 GDP 增长的优势支柱产业[1]，围绕这些产业，在区域内聚集了物流、零配件等配套产业，产业链逐渐完善，形成了若干个产业集群的雏形。此外，天津科技型中小企业数量达到六万多家，在新能源、生物医药、节能环保、高端装备制造等战略性新兴产业领域形成一定的集聚效应，成为拉动天津 GDP 增长的重要力量，各区县将培育科技型中小企业作为带动区县科技经济产业发展的重要抓手。

3. 京津冀协同发展战略、天津国家自主创新示范区建设为天津发展先进制造业带来难得的发展机遇

从国际发展的角度看，金融危机加速了全球产业转移的步伐，西方发达国家新能源、新材料、交通运输装备等制造业技术创新速度加快，纷纷将产业链低端环节转移到发展中国家，受发达国家"高端回流"和发展中国家"中低端分流"的双重挤压，天津制造业面临严峻挑战，同时也面临难得的历史发展机遇。

从国内发展的角度看，京津冀协同发展战略、天津国家自主创新示范区建设，都为天津发展现代制造业带来了新的战略机遇。国家超算天津中心、腾讯数据中心、云赛数据中心等既有资源是天津发展先进制造业的有利条件。但同时，传统制造业包袱沉重制约产业转型升

---

[1]　陈建强：《天津：打造全国先进制造研发基地》，《光明日报》2015 年 9 月 17 日。

级、高新技术产业比重不高等问题在短期内难以解决，是制约天津先进制造业快速发展的主要问题。

其中，京津冀协同发展战略的实施，将逐步打破三地各自的"一亩三分地"思维，从三地统一的思路对三地先进制造业发展格局进行思考，有利于明晰天津先进制造业的发展定位，依托天津滨海新区和河北科技园发展先进制造业，将有利于提升天津在产业协同中的地位，也有利于京津冀三地制造业链条的延伸。国家自主创新示范区建设也将为天津发展先进制造业提供重要载体和战略支撑，发展先进制造业产业集群的思路将为产业提升自主创新能力创造机会窗口。同时，天津优秀的港口位置，也将为产品出口、技术引进及出口带来便利，将有力地提升天津先进制造业的国际影响力。

4. 工业 4.0 概念下，提升自主创新能力已经是企业自动、自觉的选择

长期以来，天津作为传统制造业基地，产业大而不强，自主创新能力弱，核心技术、共性技术缺位，天津许多大企业已经感受到西方国家蓄势占优和新兴经济体追赶比拼的双重压力。在德国提出"工业 4.0"概念后，先进制造业对知识与技术的依赖已经到了无以复加的地步，如果不提升自主创新能力，天津的先进制造业将有越来越多的技术和产品受制于西方技术标准和设备，同时，会逐渐失去成本优势。

企业自主创新能力的提升不但需要外部技术和政策因素的作用力，还需要企业内部创新环境和制度安排因素的作用力。2015 年，国家发布了"中国制造 2025 方案"，为我国制造业转型升级做出了规划，该规划提出了制造业智能化发展的要求，这是天津制造业转型的契机。在政府主导下，天津市也在积极利用国家自主创新示范区建设契机，围绕"一线、两带"布局和"一区多园"规划发展先进制造业产业集群，提升产业自主创新能力，使产品由同质竞争向差异化发展。在市场倒逼和政府引导的作用下，研究制造类企业已经认识到提升产业自主创新能力是实现制造业从粗放型向集约型转变，实现现代化转型升级的唯一路径选择。目前，天津发展先进制造业的内外部因素都已具备，获得了发展的最佳时机。

二 短板分析

1. 创新要素条件不足，自主创新能力弱化

企业技术创新投入资金不足是长期制约我国制造业发展的短板，西方国家制造业大企业早已经形成自身的研发体系，研发资金雄厚，企业长期积累下大量的核心专利技术，并成为一定领域技术标准的控制者，从而实现对技术的垄断。目前，天津制造企业大多尚未形成以企业研发投入为主的创新投资模式，企业自主创新体系不健全、创新资金不足、自主创新能力弱，许多大中型企业长期依赖技术引进或是跟随国外厂家进行模仿创新。在工业 4.0 时代，工业向智能化方向迈进的步伐加快，天津虽然在政策和行业层面上推动创新的决心很大，但技术进步与提高劳动者素质都难以在短期内完成，现有的业内技术能力积累不足以支撑制造业产业链向上延伸。

2. 企业缺少核心技术与名优品牌

制造业是天津的优势支柱产业，虽然在"十一五"期间，产业结构已经得到优化，企业技术创新能力进一步完善，在国家级重点实验室、国家级工程技术中心、国家级企业技术中心等技术机构的支撑下，形成了一批龙头企业、优势产品和国际品牌，产业技术创新能力有所提高，例如，在大型铸锻焊件加工工艺和技术、大型板带压制工艺及装备等领域取得了技术新突破，但多集中在传统产业领域；在新兴高端产业领域，许多大企业缺少自己的核心技术和拳头产品；在智能控制、精密加工基础核心技术领域，产业技术水平不高，尚未形成具有一定影响力的大企业，也没有形成有技术特色的名优产品。由于

技术开发与技术创新能力薄弱，先进制造业存在劳动生产率与工业增加值率低、能源消耗大等问题。而中小企业处境则更为艰难，企业为使用国外技术而长期支付高昂的专利费，无力投入研发资金，产品缺少核心关键技术，产品品牌建设思维落后。以电子信息产业为例，天津聚集了大量的电子信息类中小企业，以加工制造为主，缺乏高端通用芯片、嵌入式芯片、新一代宽带无线移动通信产品等高端领域的产品，也没有形成较为知名的品牌，企业在国内市场价格混战中失去自身定位，在新一轮科技革命面前，更无力与国际大企业抗衡。

3. 技术链缺失限制产业链延伸，附加值较低

天津制造业基本覆盖了全部制造业的 31 个大类，但新兴产业占比不高。传统的冶金、纺织、钢铁产业占全市工业比重超过 50%，战略新兴产业比重较低[①]。从产业链发展上看，天津制造业企业多集中于产业链的低端环节，即在产业链结构中最没有价值的那部分，而在设计、测试、营销、服务等产业链高端环节聚集的企业较少。这一现象导致的结果是，在出口产品中多为产业链条的中低端产品，附加值较低，企业参与国际投资和经营的程度较低。

近年来，天津制造业产业分工逐步细化，企业数量大幅增加，制造业已经成为天津八大支柱产业之一。但天津制造业中重工业比重较大，例如，重化工业中的大运量、大吞吐量、高耗能的工业项目较多，产业附加值低，环境污染严重，是能源和原材料消耗大户。我国大量企业以引进技术、组装生产为主，技术对外依存度高达 50% 以上，出口产品附加值和技术含量不高，天津也面临着产业技术创新能力不足的问题，企业自主创新意识薄弱，本土企业技术创新水平有待提高，新技术、新工艺的使用率不高，产品出口缺乏优势。在实际生

---

① 唐茂华：《天津加快建设全国先进制造研发基地的研究》，《城市》2016 年第 2 期，第 62 页。

产过程中主要表现为制造业向智能化转化速度不快，数字化、现代化的生产体系尚未形成，劳动密集型的生产或装配类企业较多，跨国公司掌握着产业高端增值服务部分，本土企业难以获得提升产业发展的内驱动力。

天津是制造业基地，产量位居全国前列，与此相对应的是，天津同时也是制造业技术创新能力的弱市，产业技术创新能力弱，工艺水平落后，与国际同行比较，其产品处于中低端水平。在产业最为关键的机械基础件和核心零部件制造、重大装备项目的成套设备系统集成与工程技术能力上，天津技术创新能力极为薄弱，产业技术链的高端环节缺失限制了产业链的延伸，产业缺乏内生动力。在滨海新区先进制造产业技术链条中缺失了一些关键环节，例如，汽车产业只具备汽车音响、汽车线束、汽车涂料、汽车灯具等几种产品，产品处于产业技术链的中低端环节，而汽车电子、变速箱、整车集成等高技术领域发展缓慢。作为制造业大市，天津的中低端制造业已经出现产能过剩问题，高端制造业与国际水平差距较大，技术链与产业链不匹配，产业长期处于全球价值链的中低端，这成为实现产业更新换代的包袱，由于制造业与相关产业部门的关联效应，间接制约了相关产业的发展。

4. 商业环境不匹配，难以满足产业发展需求

而在工业4.0发展思路下，以高技术、高附加值、低污染、低排放等为特征的具有现代产业优势的先进制造业是目前天津发展的目标。天津作为工业化发展较早的城市，历史遗留下来大量工业化初期产生的制造业企业，例如，历史遗留下来大量低端装备制造企业，为大型装备制造企业配套的中小企业数量较多，但产业配套能力不足，无法形成以大型装备制造为核心、上下延伸的专业化、规模化产业链，产业链上某一环节的缺失，限制了产业规模化、集群化发展。在装备制造业对其他产业的乘数效应下，装备制造业落后牵制了相关产业的发展速度。

此外，围绕先进制造业的生产性服务业发展缓慢。先进制造业对生产性服务业具有拉动作用，同时，生产性服务业也会促进先进制造业的发展。随着制造业的快速发展，一些产业链的高端环节逐步分化出来，制造环节利润空间缩小，以产品制造为核心的传统发展模式向基于产品提供综合服务的模式转变，高端制造业的服务性特征越来越明显，产生了作为产业链高端环节的生产性服务业，例如研发设计、测试、客户技术支持等已经成为提升制造业整体利润的利器。同时，在工业4.0模式下，服务业智能化模式发展已是大势所趋，要求缩短服务等待的时间、降低成本、提高服务水平，而在现有的管理思维和技术管理水平下，天津制造业综合服务水平较难实现大的提升。

生产性服务业源于制造业部分职能外包，而职能外包是提升先进制造业生产率、降低成本、促进规模化生产的有效手段。目前，天津第三产业比例不断提高，但服务业与先进制造业产业链条融合程度较低。珠三角、长三角地区先进制造业出现聚集化、服务化发展趋势，是我国先进制造业最为发达的地区。与这些地区相比，天津围绕先进制造业的服务业配套能力略显不足，科技金融、科技服务、物流、通信等服务业发展水平仍有待提高。

另外，天津先进制造企业的发展一直存在高端人才短缺问题，产业技术创新人才、高级管理人才、高技能型人才储备不足造成产业综合配套服务水平落后。先进制造业产业体系的打造，需要大量研发设计、文化创意、高级管理领域的高端人才，现有的生产性服务企业规模小、综合服务水平落后，为同类跨国企业侵入中国市场创造了契机。

5. 地区人才流失严重，企业自主创新能力偏弱

人才是限制自主创新的另一个重要条件，人才是创新的载体，先进制造业自主创新能力提升的关键在于人才，创新人才和高技能人才

是先进制造业自主创新能力发展的两翼。天津缺乏具有吸引力的人才引进政策，大部分企业对创新人才的培养和使用缺乏合理的安排，这都限制了企业自主创新能力的提高。

长期以来北京从天津虹吸了大量人才，导致天津在电子、汽车、石化、装备制造、医药健康产业领域创新人才缺口较大。与北京、上海等发达城市比较，天津尚未完全改变传统工业城市的形象，城市工资和社会服务设施水平较为落后，对业内创新人才的吸引力不足，难以引来金凤凰。城市环境对创新人才的吸引力不足，高端人才流失严重。科技人才聚集强度对区域创新效率具有显著的正向影响①，但相较于北京、上海、深圳等人才聚集度高的城市，天津先进制造业高端人才紧缺，企业自主创新能力落后，企业核心技术缺失，严重影响了产业经济发展的规模与质量，成为天津市打造具有全球影响力的产业创新中心和全国先进制造研发基地的一大障碍。

6. 创新创业活力不足，创新环境亟待改善

天津顺势而为，为先进制造业发展提供了一系列刺激性政策，但这些产业政策仍需要在大量投资进入之前加快落实。围绕科技型中小企业和小巨人企业在技术创新、成果转化、创新创业、融资等方面的需求，仍需要继续推出一系列便利性政策。

天津在创新创业环境的营造方面相对较弱，相较于上海、深圳、苏州、武汉、沈阳等城市，天津的科技服务、科技咨询企业较少。在承接北京科技资源转移过程中，天津承接转移的创新基础设施条件不足，创新创业的服务体系不完善。城市创新文化建设仍需加强，创新创业意识的培养方面相对较弱。

7. 京津冀三地产业分工不明显，跨区域产业链融合效果不佳

在京津冀协同发展中，天津打造"全国先进制造研发基地"，仍需

---

① 芮雪琴、李亚男、牛冲槐：《科技人才聚集的区域演化对区域创新效率的影响》，《中国科技论坛》2015 年第 12 期，第 126～131 页。

要科技创新能力的支撑，北京科技资源溢出对天津的带动效果不强，河北省生产环节对北京、天津的研发、设计等产业链上游的反馈作用不佳，上游对产业链下游的引导、提升作用较小。从产业链协同发展的角度看，河北省在原材料、劳动力成本上的优势尚未开掘，北京的科技研发、科技服务优势也没有得以利用，三地在发展先进制造业过程中争项目、扩产能的大的发展思路没有改变，产业同质化竞争严重。天津与河北目前仍是以生产、加工、组装为主的产业模式，三地产业分工与协作的角色定位不清，各自产业边界清晰，没有出现高度融合。

第四节　先进制造研发基地建设的目标分解与体系设计

一　目标分解

1. 加速打造高水平的全国先进制造研发基地

建设研发制造能力强大、占据产业链高端、辐射带动作用显著的全国先进制造研发基地，是实现天津"一基地三区"定位的重要内容，也是落实京津冀协同发展规划纲要的战略举措[1]。对于先进制造业的产业选择与升级，既具有规模要求，更重视质量标准，天津全力打造引领全国的高水平制造基地[2]。

天津要积极承接北京科技创新资源的转移，带动本土企业自主创新能力、工艺研发能力的提高，实现先进制造企业信息化、智能化水平的提高，加速落实全国先进制造研发基地建设。

---

① 李朝兴：《壮大先进制造业产业集群》，http://n.cztv.com/news/11944607.html，2016年10月10日。

② 李家祥：《对新形势下加快发展天津先进制造业战略的思考》，《理论与现代化》2015年第5期，第8~11页。

　　围绕全国先进研发基地建设，推进先进制造业与生产性服务业的整合，着力发展高端服务业，提升"基地"服务京津冀地区企业的配套能力。提高产业技术创新及配套的综合竞争能力，使天津成为立足本地、服务全国，在全球具有一定知名度与影响力的产业技术创新中心。

　　天津依托全国先进制造研发基地建设，带动全市先进制造业的越级提升，深度推动两化融合，将天津打造成我国先进制造业的重要研发基地、生产基地和营销基地，继而推动天津先进制造业走出国门。

2. 推动京津冀三地产业链深入融合

　　在京津冀协同发展过程中，天津要对自身优劣势精准识别，从而精准定位，实现精准融合，最终形成京津冀三地产业链跨区域融合的发展格局。要深度推进天津先进制造业产业结构升级，瞄准打造全国先进制造研发基地所需的软硬条件，推动创新要素的整合，围绕产业链所需的各项要素，积极吸纳各项要素在京津冀三地聚集，实现以天津科技研发为支撑，北京原始创新、应用性创新资源为保障，河北省生产制造环节为依托的完整产业链，从而实现三地先进制造业产业链各环节的紧密协作。此外，要加速三地金融、科技服务等服务业产业链跨区域融合，形成三地先进制造业内部深度融合、配套服务业紧密支撑的协同发展网络化布局。

3. 深入推动天津先进制造业产业链升级

　　要顺应当前国内外产业发展趋势，积极推动天津制造业改革升级，形成产业发展与市场的联动。要推动先进制造业及相关配套产业的分工与协作，推动制造业向自动化、数字化发展并形成多向交互发展模式，要积极推动天津本地先进制造业内部融合，促进研发、设计、生产制造、销售等各环节之间的协作，提升产业链上下游拓展能力，发展总部要素资源聚集能力，不断促进产业链向上游延伸。推动先进制造业的专业分工与合作，促进本土生产性服务业与先进制造业的深入融合，拉动天津本地先进制造业生产链条延伸。

4. 推进两化深度融合，加速企业的智能转型

要积极对接德国"工业4.0"模式，推进信息化与工业化深度融合，加速互联网＋、物联网技术在生产过程中的渗透，发展高附加值的先进制造业、高新技术产业，拉动现代物流、研发服务、教育培训、出口加工、国际贸易等产业发展，形成以大型装备制造为核心，上下延伸的智能化、专业化、规模化产业链，推进天津先进制造业向集约型、智能型转变。

5. 实现先进制造业的可持续发展

在高端制造业回流、中低端制造业分流的双重挤压下，天津制造业的资源环境约束问题亟待解决。先进制造业是以具备新技术、新产业、新业态、新模式为特点的"四新"型产业，发展先进制造业带动区域经济转型升级，是拉动天津传统制造业转型升级的新动力。要通过先进制造业技术创新能力这一发展"引擎"，降低产业能耗，转变产业发展模式，实现产业的绿色、低碳、可持续发展。

6. 显著提升天津先进制造业国际竞争力

在京津冀协同发展中，要以发展全国先进制造研发基地为抓手，提升天津先进制造业技术创新水平，在全国实现比同行业技术水平领先、产品品质国内一流的目标；在国际上要追赶发达国家技术水平、产品打入国际市场的目标，逐步提升"天津智造"的国际知名度。

二 体系设计

推进落实全国先进制造研发基地建设，有利于提升先进制造业技术创新水平，推动产业的聚集发展和创新发展，提升产业经济的总体竞争实力。要通过构建产业集群体系、多元化的资金支持体系、企业自主创新体系、公共服务平台体系、人才保障体系等，提升产业技术创新能力，将天津建设成为辐射京津冀、影响全中国的先进制造研发基地。

1. 产业集群系统设计

（1）推进跨行业、跨区域、跨所有制的兼并重组，加速三地产业的协作与融合。深入推进京津冀三地协同发展，打造京津冀先进制造业产业集群，增强该区域在国内外的产业资源集聚能力和综合竞争力。要充分认清三地产业的特色，按照优势互补的理念，综合规划、统筹协调产业发展。积极推进国有企业的改革重组，鼓励企业进行跨行业、跨区域、跨所有制的兼并重组，要以改革为契机，不断优化产业结构，加速产业升级，去除过剩产能。积极调整产业结构，提升第三产业比重，引进大项目落地，促进传统产业转型升级。

同时，要打造天津先进制造业产业链的特色。在不断吸引京津冀产业链中优势资源的同时，要突出自身特色，形成"竞争、合作、生长"的新优势。重点突出"全国先进制造业研发基地"的技术创新优势，促进三地以新材料、新能源产业为代表的先进制造产业进行各种形式的技术创新合作，以技术溢出带动、辐射河北，实现天津研发、河北制造的发展格局。

（2）完善京津冀先进制造业协同系统架构，优化产业链发展体系。京津冀先进制造业协同发展要以改变目前竞争大于合作的局面为目标，以三地统一的思维来梳理产业链发展中的问题，以合作的思维来解决产业链中的难题，以系统论的思想来确立三地产业协同发展体系，以空间演化的视角推动产业链的转移。借鉴上海高端服务业和长三角地区先进制造业空间分布上的协同定位、发展模式上的协同演化、升级动力上的协同创新三个维度的发展经验，通过产业链的空间演化推动先进制造业产业链中生产要素的重组，进而实现区域产业结构、空间布局的变动。要系统考虑三地的自然、经济与社会的优势条件，合理确立各地区在产业分工中的角色与地位，并确立地区主导产业和产业发展目录。

2. 技术创新系统设计

（1）优化先进制造业布局。根据天津市产业发展格局，围绕《天津国家自主创新示范区"一区二十一园"规划方案》，优化先进制造业产业布局，重点培育临港装备、临空民用航空、武清中德工业园、北辰高端装备等20个先进制造业产业集群。引导产业园区和功能区由速度向质量、由政府主导向市场主导、由同质竞争向差异化发展、由硬环境向软环境转变。

（2）打造"双中心区"。推动中心城区重点发展研发设计、科技咨询、文化创意、科技金融、创业孵化等知识密集型产业。推动滨海新区重点发展制造生产、互联网金融、电子商务等产业。在中心城区和滨海新区构筑各具特色的产业发展格局，形成现代服务业与先进制造业遥相呼应的"双中心区"。

（3）促进全国产业优质资源在空间上"向津聚集"。积极承接首都产业和优秀科研资源的溢出，壮大天津作为全国先进制造研发基地的科研实力。优化产业基础设施建设，吸引京津冀三地乃至全国科技创新资源向津聚集，打造先进制造的"创新高地"。

（4）企业自主创新体系建设。重点攻关产业核心技术、共性技术。在研究、开发、产业化一体化原则下，鼓励大企业成立研发中心，争取获得重大高新技术自主知识产权。调整技术创新投入分配，重点在高精尖领域实现技术突破，重点提高机械基础件和核心零部件制造、重大装备项目的成套设备系统集成与工程技术能力，提高产品工艺水平，提升产品附加值。

鼓励企业掌握核心技术标准。鼓励企业在购买国外先进技术的基础上，通过消化吸收进行二次创新、引进关键技术和设备的"嫁接式"创新，掌控核心领域的技术标准，打破国外对核心技术的垄断。

引导企业积极进行产学研合作。鼓励企业以项目为载体，联合辖区内国家级重点实验室、国家级工程技术中心、国家级企业技术中心等科研机构开展技术研究和攻关。支持企业与大学、科研院所之间展开长期战略合作，促进知识、技术交互溢出，增强企业核心竞争力。

组建先进制造业技术创新联盟。联合工信委、发改委，组织优秀企业创立先进制造业技术创新联盟，加速形成区域技术创新网络体系，便利企业整合内外部技术创新资源，提高企业自主创新的组织能力与吸纳能力。

（5）产业链培育。要积极利用三地协同发展的优势，利用河北省在原材料、人力成本上的优势，将天津先进制造业中的生产加工环节转移出去。要利用北京科技创新资源要素充沛的优势，吸纳其科技创新人才、技术、成果、科技金融进入天津。要充分利用北京、河北两地的区位优势和产业优势，实现对天津的互补作用，帮助天津先进制造业实现"强链""补链"。最终形成与珠三角、长三角先进制造业集群并驾齐驱的京津冀先进制造业集群，进而实现先进制造业技术向东北、西北内陆扩散，产业向东北、西北推移的产业发展格局。

3. 生产服务体系设计

（1）优化科技金融服务体系。打造多点式的"科技金融副中心"。围绕先进制造业产业集群分布，引导更多金融机构和金融资源向天津市先进制造业密集地带聚集，形成多点式的区域科技金融副中心，更好地为企业融资提供服务。

优化金融服务。创新科技金融产品和服务模式，围绕"大众创新、万众创业"成立创新创业预孵化种子基金和天使基金，为科技型中小企业发展初期提供融资服务。

摸索多种融资方式。借助天津市知识产权服务中心和天津市知识产权交易中心，创新知识产权融资形式和金融产品。加大市级财政投入力度，设立天使投资和创业投资引导基金；充分发挥财政资金杠杆作用，吸引社会资本设立天使和创业投资引导基金，以区县投资、政府配套的方式设立产业发展引导基金。

（2）打造产业公共服务平台体系。建设产业合作平台，积极推进企业与高校科研院所共建产业研发中心，建设一批国家重点实验室、国家工程实验室、国家工程（技术）研发中心和国家级企业技术中心等创新平台。重点打造中德工业园、中美科技园、中新生态城、中日子牙循环经济示范区、中俄大炼油等一批国际化产业合作平台。

完善人才工作综合管理体制机制。结合天津发展的实际需要，加快制定海内外领军人才、创新型人才以及技能型人才的引进、使用和流动管理的体制机制，便利人才的流动。

构建创业服务体系。构建开放的市场化创业服务体系，放开对创业人员限制，加速创业项目与资本、人才、平台的对接。重点支持海外高层次人才以个人或团队的方式来津创新创业。

提升本土配套能力。重点发展高端装备、海工装备、民用航空、新能源汽车、集成电路、智能终端、生物医药、石化产业和自行车产业等先进制造业的研发设计、测试、客户技术支持等位于产业链高端环节的生产性服务业，提高产业的本土配套能力。

（3）优化产业发展的软环境，促进服务业与先进制造业产业链融合。加速体制机制创新，破除不利于产业发展的制度藩篱，打造灵活的招商引资环境，优化产业发展的软环境。要为生产性服务业创造投融资、人事管理上的便利条件，缩减海关通关手续，提升城市基础服务水平。

继续调整三次产业结构比例，以技术创新为抓手，持续推动产业升级。大力发展先进制造业的配套服务业，推动其向先进制造业的渗透，形成制造业价值链与服务业价值链增值过程的深入融合，提升产业增值空间和增长潜力。提升先进制造业的综合竞争力，实现规模、质量、速度的共同提升。

加大招商引资力度，重点引进一批国内外知名的大企业在天津设立研发中心，吸引一批大产业项目在天津落地。围绕电子信息、汽车、新能源和医药产业实施重大项目攻坚计划，围绕新能源、智慧医疗、软件和信息等新兴产业不断引入大项目，发展配套产业，形成较为完整的产业链和配套体系，形成生产性服务业与先进制造业相互融合互动、相互依存、相生相伴的发展态势。

推进大中型企业发展模式由单纯制造向制造与服务融合发展的方式转变，逐步改变企业的盈利模式。引导区域内大型制造商进行主辅分离，即支持大型制造商通过管理创新和业务流程再造，逐步将技术研发、市场拓展、品牌运作服务委托给相关专业性企业。大力推进供给侧结构性改革，加快服务业市场开放，重点在软件服务、港航物流、跨境电商为代表的现代服务业领域进行创新。

（4）加速基础设施建设和综合配套工程建设，优化产业发展的硬环境。围绕以各产业园为重点的场地建设、发展路网建设和电、水、暖气等能源设施建设，为发展优良的物流交通网络创造条件。

提升开发区、工业园区的功能和配套支撑能力，提供优惠条件，吸引先进制造企业入驻园区。针对大项目、大企业落户，提供可开发建设用地。围绕园区先进制造业发展，积极吸纳技术研发、公共检测、应用推广、金融服务等现代服务类企业入驻，并在土地、用水、用电上给予便利，提升开发区、园区的资源聚集、整合能力，逐步实现从聚集到集群的集约式转变。

（5）转变企业生产模式和商业模式，促进产业价值链的提升。引导产业转变生产模式，逐步改变大批量生产的生产方式，提高客户在生产过程中的决定性作用，引导生产向小批量、定制化、智能化模式转变，实现商业模式从以产品为中心向以用户为中心转变。

引导区域商业模式转变，积极发展物流、电商产业，实现以先进制造业为中心，物流与电商为两翼，区域金融为支撑的发展格局。高度重视企业品牌，打造天津智造的知名品牌和产品，鼓励企业用创新提高产品质量、丰富产品品种。

重点支持发展一批国内外知名大企业，积极推进制造业企业增资扩产，提升产业集聚效应和辐射能力，提高天津先进制造业参与国际分工的地位、产业控制力和竞争力。大力发展民营经济，发展壮大一批科技型中小企业，做大做强龙头企业，做活做好小微企业，扶持一批相关配套科技型中小企业和生产性服务类企业，拉长先进制造业产业链。

4. 人才支撑体系设计

（1）产业技术创新人才培育体系。培育一批产业急需人才。结合天津高校专业和数量优势，调整专业设置，加强对产业急需创新人才的培养。鼓励企业联合南开大学、天津大学等高校，以项目为依托联合培养创新人才。大力发展职业教育，依托海河教育园和中德职业技术学院等高职院校，加快发展现代职业教育，大力培养高素质、高技能型人才。加强企业在职人员创新能力培训。要加强科研人员专业基础理论和基本技能的培养，构建集科研、培训、生产为一体的培训体系，由科研部门收集国内外最新技术信息及其发展方向和单位技术应用状况，培训中心设计培训方案并组织培训，形成一个"培训—提高—创新—再培训—再提高—再创新"的良好发展态势。在培训过程中，要把创新贯穿到每个环节，从培训模式、过程、方法等进行创新。

（2）高端创新人才引进、激励机制。引进一批高端人才。创新人才引进机制，提高人才引进投入，引进一批高端人才，针对产业急需的领军人才、高技能人才可实行"一人一策"。优化企业创新人才管理体系。鼓励企业建立灵活、高效、科学的培训、用人机制，为企业的可持续发展储备人才。改革现行分配制度。改革科技人员收入分配制度是激发科技人员积极性和全社会创新创业活力的关键性问题。在制度创新、激励机制、专利保护等方面有所作为，让科技人员在发明成果、专利技术产业化过程中有所回报，增加合法收入，因创新而致富。要明确科技人员创新创业政策导向，允许高校科研院所开展科技人员依法兼职从事创新创业活动的试点。完善技术成果收益按"人本为主"的分配制度，改革绩效工资制，探索托底不限高的分配方式；目前中关村推行的"股权激励未获得收益时暂不征收个税"政策可在天津推广。

第五节　加速落实全国先进制造研发基地的保障措施

从系统论视角来看，全面提升先进制造业自主创新能力是一项系统工程，需要综合考虑技术创新发生链条上各创新主体，形成整体化、系统化方案，促使多方提高创新实践，形成合力。

一　优化产业布局

1. 重新审视天津在全国的位置，打造天津特色

产业布局对天津先进制造业发展至关重要，从全国制造业发展情况来看，天津作为北方经济中心的地缘优势凸显，在京津冀三地协同发展思路下，要通过三地差异互补的思维，通过顶层设计重新确定天津先进制造业在全国、京津冀三地中的地位和作用，以产业规模化、集群化发展思路对先进制造业进行重新布局。在产业发展思路上，要依托天津自创区建设平台，以高附加值先进制造业、高新技术产业发展为抓手，带动先进制造、现代物流、研发服务、教育培训、出口加工、国际贸易等产业发展；在空间布局上，要在临港工业区形成特色综合产业区，临港产业板块重点建设装备制造业区、现代物流园区、产业配套园区，从而形成围绕先进制造业的完整产业链，提升产业整体服务能力。树立以体制创新推动技术创新的思维，政府在提升天津

先进制造业自主创新能力的过程中主要担负起匡正产业技术发展方向、改善技术创新环境、搭建产学研交流平台、制定促进有利于创新资源聚集和发挥作用的制度和政策的责任。由于税收政策对提高我国企业自主创新积极性、加大研发投入力度、促进科技成果转化方面具有重要作用，要通过制定具有刺激作用的经济财税政策，推动企业并购重组，从而形成一批地区龙头企业；要通过引进一批大项目、新项目来拉动天津先进制造业发展；积极推行有利于技术创新的科技政策，为形成以企业为中心的产业技术创新体系提供便利，从而促使天津制造业实现从天津制造向天津智造的改变。

2. 打造上下游联动的区域产业体系，加速产业集群的形成

要不断优化区域产业空间布局，促进关联产业在空间上的聚集，重点打造新能源、新材料、电子信息、生物制药产业集群。现代制造业是现代产业融合的结果，要积极推动先进制造业与周边产业的深度融合，在空间上，围绕先进制造业布局，重点在天津开发区打造"先进制造研发的集聚区"，积极建设生产性服务业产业聚集区，构建一个以总部经济、楼宇经济、生产性服务业为主的高端服务业集群；并促进各类产业融合发展。要同步推进产业配套设施建设，推进商业模式创新，不断优化区域产业生态体系。

引进国内外一批重大项目，对于具有发展潜力的特困企业，加大帮扶力度，积极化解过剩产能，淘汰落后产能，积极、稳妥地处置"僵尸企业"。

二　激活创新动能

1. 鼓励企业、社会提高技术创新的投入，加速企业自主创新体系的形成

提高企业技术创新投入，可以增加企业对知识、技术的聚集，实现以技术聚集带动产业聚集。在研究、开发、产业一体化原则的指导下，鼓励大企业成立自己的研发中心，以获得重大高新技术产品自主知识产权为努力重点，调整技术创新投入的分配，重点尝试在高精尖领域实现技术突破，提高产品的附加值。借鉴日本引进关键技术和设备以提升自主创新能力的"嫁接式"方法，既不完全依靠自身研发的"播种方式"，也不全部依靠引进技术和成套设备的"移植方式"，鼓励企业在购买国外先进技术的基础上，通过消化吸收进行二次创新。引导企业积极进行产学研合作，促进三者之间知识、技术的溢出，鼓励企业以项目为载体，与大学、科研院所之间进行长期战略合作关系，增强企业核心竞争力。产业技术创新战略联盟有利于集中产业科技资源，开发产业共性、关键或前瞻性技术，并且贴近市场需求，因此，要创建先进制造业技术创新联盟，形成技术交流与合作的有效平台，为先进制造企业规模化发展建立起技术创新网络体系，促使企业提高技术创新的组织能力与吸纳能力，使企业成为技术创新的主体，自动、自觉地整合企业内外部技术创新资源，使技术创新活动日常化。

2. 重点攻关产业核心技术，提升企业核心竞争力

如何快速提高产业创新能力，实现技术聚集带动产业聚集，实现天津先进制造业的规模化发展，从根本上提升天津先进制造业的国际竞争力，就要从提高产业自主创新能力入手，为产业从根本上创造可持续发展的动力。

将提升先进制造业企业自主创新能力作为打造全国先进制造研发基地的根本路径，不断提升企业技术创新的层级，带动整个产业技术创新能力的越级提升。先进的技术并不一定适合所有的落后经济体，技术选择需要与自身要素禀赋结构相匹配[①]。

---

① 田永晓：《技术模仿与技术前沿问题述评与展望》，《技术经济与管理研究》2015 年第 12 期，第 41～45 页。

根据国家发展战略和产业自身特点，优先在产业基础好、社会需求紧迫的技术领域进行重点攻关，要积极推进技术转化，促进技术向产业的渗透。要瞄准先进制造业的核心技术领域，筛选技术突破方向，引导应用研究与基础研究领域的相向拓展，争取在技术源头产生创新。支持国际知名企业到天津设立研发中心，积极引进国际先进技术，鼓励本土企业消化吸收再创新。要不断引导创新要素向企业聚集，鼓励企业掌握核心关键技术，培育发展新技术、新产品、新业态、新模式，不断优化区域技术创新体系，争当全国先进制造业核心技术创新国家队，提升全国先进制造研发基地建设速度。要通过提升企业自主创新能力，推动传统产业实施新一轮的技术改造，实现生产自动化、管理信息化、流程绿色化、制造智能化的产业发展新模式；不断优化产业现有的工艺设备水平、产品技术含量、生产服务流程，实现产业的低碳发展与可持续发展。

3. 加速产学研合作，打造名优企业、名牌产品

依据天津先进制造业发展空间规划搭建科技创新和科技企业创业平台，为企业技术创新、创新成果转化及产业化、创业孵化以及创新型人才提供良好的环境和服务。鼓励产学研合作，以校企合作研究、企业委托立项、校企共建技术中心等多种方式展开创新合作。

便利科技型中小企业融资，支持国际大型企业融资上市，提升一批具有发展潜力的科技型小巨人企业。鼓励企业实施产品品牌化战略，积极打造一批体现天津先进制造业技术领先水平的名牌产品，实现天津制造业"壮实力、提品质、创品牌"的目标，提高"天津制造"的市场影响力。此外，还要利用典型企业进行宣传，积极推广、复制明星企业的发展模式，带动周边企业发展。

引进一批大企业，做强做大先进制造业在津企业。发挥天津创新资源集聚和开发开放优势，引进一批高技术、高附加值、低污染、低排放的先进制造类大企业。借助天津市的科技"小巨人"成长计划升级版，帮扶科技小巨人企业"小升高"，积极推动企业并购重组，形成一批地区龙头和骨干企业。

实施一批两化融合新兴业态培育项目。实施智能机器人、新能源汽车等一批重大专项。推进一批商业模式创新项目，打造一批年交易额超千亿、万亿元电子商务平台，创新"硬件＋软件＋平台＋服务"的商业模式，建立起价值链、财富链的共享新机制。

三 建立多元化融资渠道

1. 积极推行有利于技术创新的科技金融政策

政策性金融支持是提升先进制造业自主创新能力的重要手段，在研发风险较高的尖端领域，具有重要作用。2015 年国家发布《关于加大重大技术装备制造融资支持力度的若干意见》，提出要"加大重大技术装备融资支持力度"。在实践当中，要积极鼓励地方城市银行机构对先进制造业重点行业、重点企业、重点项目的技术创新进行专业化的金融服务，在重大装备设计、制造等行业，银行要在研发、创新能力建设上提供金融支持，重点资助处于产业链核心部位的产业领域和处于价值链高端的产业技术的研发。

要高度重视先进制造业内企业技术创新融资困境问题，促进金融与技术创新之间的深度对接，不断为企业技术创新提供融资便利，为企业创新活动分担风险。充分发挥政策性金融的刺激、拉动作用。积极推行有利于技术创新的科技金融政策，提高市级财政的投入，加大对重大技术装备研发的融资支持，鼓励银行机构对重点行业、重点企业、重点项目提供专业化金融服务，重点资助处于产业链核心部位和处于价值链高端的技术研发。加大对创新前端的支持力度，加强对高校、科研院所基础研究的资助，对产业基础领域重大攻关问题，产业急需技术的前瞻性、战略性研究给予长期支持，引领国家重大科技工程的研发。

2. 提高企业创新资金投入，激发产业创新活力

调动企业提高研发投入，支持企业商业模式和发展模式创新。发挥地方政府补贴促进企业技术创新资源配置的功能，为企业技术创新提供必要的所得税优惠①，积极减轻先进制造中小企业赋税，加大创新创业补贴，为企业发展初期提供资金条件，激励企业的创新行为。

3. 提高先进制造业的金融服务水平，为产业技术创新提供充足的资金支持

在外力拉动之外，企业要主动、多途径吸纳资金，鼓励大中型企业积极运用贷款、担保、投融资等多种金融手段，吸纳资金用于技术、设备、工艺和材料的改造升级和新产品的研发，从而使金融链条带动整个先进制造业产业技术链条的提升，实现金融链、技术链、产业链的融合发展。

四 加速创新载体建设

生产性服务业集聚与制造业集聚存在不同程度的互动性与互补性②，二者的互惠效应越强，区域（城市）的整体经济容量就越大③。要积极优化支撑创业项目与资本、人才、平台对接的创业服务体系，构建开放的市场化创业服务体系，完善服务于创新创业的人才、技术、资本、平台的生态网络，提升创新服务水平。提高创新资金投入，优化创新载体建设，重点建设各类技术发展平台，积极引进国家公共技术平台入津，鼓励企业技术平台的对外开放。支持建设一批

---

① 刘小元、林嵩：《地方政府行为对创业企业技术创新的影响——基于技术创新资源配置与创新产出的双重视角》，《研究与发展管理》2013 年第 5 期，第 12~25 页。

② 吉亚辉、段荣荣：《生产性服务业与制造业双重集聚的协调度与生态位适宜度研究》，《中国科技论坛》2014 年第 8 期，第 49~54 页。

③ 于斌斌、胡汉辉：《产业集群与城市化共生演化的机制与路径——基于制造业与服务业互动关系的视角》，《科学学与科学技术管理》2014 年第 3 期，第 58~68 页。

"孵化创投"、"互联网"等新型孵化器和加速器，为众创提供空间。要积极发展技术咨询、科技评估、知识产权服务等与先进制造业发展密切相关的新型服务业，为产业发展提供便利。要打造支持创新、不惧风险的创新精神，提升社会对创新活动的包容力。要建立便于人才流动的社会保障体系，破除对创业人员的限制，便利京津冀三地技术创新人才、技能型人才的流动，为企业技术创新发展提供足够的人力资源保障。

五　实施区域人才战略

1. 加强产业技术创新人才的培育，强化人才保障

积极调整人才战略，加强人才队伍建设。基础研究处于创新的最前端，是提升产业技术自主创新能力的动力源泉，加强高校基础研究建设，为产业自主创新提供基础；要根据天津先进制造业发展的规划和布局，优化高校布局和学科分布。专业技术人才聚集有利于促进先进制造业聚集，从而形成人才聚集、先进制造业聚集与生产性服务业聚集三者相辅相成、协同发展的局面。根据天津先进制造业发展的重点领域，在新能源、新材料、生物制药、集成电路等领域，打造一支规模大、结构好、水平高的人才队伍。

不断优化人才培养思路，培养具备创新能力和工匠精神的高水平人才。围绕天津发展先进制造业产业技术创新的特点，鼓励企业与高校对接，借助技术创新项目合作，推进大学与企业之间进行人才交流，共同提升科研人员的创新能力水平。利用天津高校聚集的优势，提供优厚的薪资条件，留住优秀学子。

2. 提高对产业基础研究的认识，引进、培育一批产业紧缺人才

加强创新人才培养，鼓励校企合作，以项目培养创新人才；大力发展职业教育，为先进制造业培养高技能人才。鼓励企业完善自身创新人才体系建设，建立起培养、使用人才的合理机制，为企业自主创

新提供不竭的人才源泉。通过为企业研发提供有利的政策条件，鼓励增加企业创新人才培养投入，调动企业引进高端技术创新人才的积极性，以大企业技术创新能力的提升带动地区整个产业创新水平的提高，从而实现产业的规模化发展和产业能级的跃升。

此外，随着信息技术与制造业的深度融合，要不断摸索新形势下人才需求特点，及时调整天津人才引进策略。积极引进产业技术创新的领军人才，要利用创新创业平台、城市基础设施条件和良好的社会环境，吸引海内外带技术、带项目的高端人才来津创业。

3. 做好人才引进后续保障工作，为先进制造产业链各环节发展提供支撑

借助京津冀协同发展的便利条件，三地同心合力培养产业所需的创新人才和高技能型人才，以人才链建设为先进制造业产业链提供支撑。

积极引进高层次人才，不遗余力挖掘高端人才。对于海内外领军人才，提供优厚的引进条件，为人才配备资金、项目、实验室等工作条件，为其家属、子女提供相应的生活条件。对于产业急需的高技能型人才，在积分落户政策上要给予倾斜，配备相应的技能培训，实施高技能型人才职业生涯提升计划，为其未来长期发展创造空间。

第七章

面向一体化的文化产业发展

"十三五"时期是国家全面深化文化体制改革，加快社会主义文化强国建设，京津冀协同发展进入全面布局的重要时期。天津要建设成为"文化产业强市"，使文化产业成为国民经济发展的支柱性产业，需要继续秉承文化强市的建设理念，科学规划文化产业布局，全面推进天津文化产业转型升级，提高城市文化发展软实力。

第一节　天津市文化产业发展成绩与问题

"十二五"期间，天津市围绕加快建设文化强市的发展目标，进一步深化文化体制改革，强化统筹协调和规划引导，着力解决了制约文化产业发展的突出问题，有力推动了文化产业持续、稳定、健康发展。

一　文化产业发展成就

1. 文化产业发展迅速，整体实力显著增强

天津市非常重视文化产业的发展，把发展文化产业作为转方式、调结构、加快现代服务业发展的重要内容，采取多种措施，有力推动文化产业快速发展。天津文化产业增加值连续多年保持年均 20% 以上的增长速度。到 2015 年全市文化产业增加值超过 800 亿元，占全市生产总值的 5%，成为支柱产业。全市文化企业 2 万余家，从业人员四十余万人，其中规模以上文化企业 900 余家。国有文化企业集团 10 个，新三板挂牌国有文化企业 2 家，龙头拉动作用明显。① 初步形成了由文化创意、出版发行、广播影视、数字动漫、文化旅游、文化会展、艺术品交易等七大门类组成的文化产业体系。

2. 文化体制改革稳步推进，文化市场繁荣有序

按照"整合一批""保留一批""改制一批"的原则，国有文艺院团改革阶段性任务按期完成。北方演艺集团、北方文创产业集团等相继建立了现代企业制度。广播电台、电视台进行了制播分离改革，推广了主演负责制、制作人制和剧场、院团、演艺机构组建联盟等改革经验。"十二五"时期，天津文化市场保持稳定发展态势，其中影视和动漫产业发展迅速。2011～2014 年，全市累计新增影院 33 家，新增银幕数 228 块，票房总收入（不含 2012 年）达 10.5 亿元（见表 7-1）。2011 年，全国首个国家级动漫产业综合示范园正式开园，注册企业 260 家，总注册资金 60 亿元，天津市动漫产业产值跨入全国各省市前十名行列。2012 年，国家动漫产业综合示范园共注册文化创意类企业近 300 家，全年纳税超过 4 亿元，建成了亚洲最大的动作捕捉室，二期工程扎实推进；国家影视网络动漫实验园和研究院内文化创意企业近 70 家，拥有专利、版权 500 余项，注册资金达 12 亿元；滨海高新区被认定为首批国家级文化和科技融合示范基地。

---

① 《天津市"十三五"文化产业发展规划》，http：//www. tjzfxxgk. gov. cn/tjep/ConInfoParticular. jsp? id =66230，2016 年 10 月 1 日。

表 7 - 1　2011～2014 年各年份天津市电影市场发展情况

年份	新增影院数（家）	新增银幕数（块）	电影票房收入（亿元）
2011	9	66	2.5
2012	9	63	—
2013	10	73	3.3
2014	5	26	4.7
合计	33	228	10.5

资料来源：天津文广局 2011～2014 各年度工作总结，http：//www. bh. gov. cn/html/WGJ/GHJH22412/2015 - 07 - 06/Detail_ 681895. htm，2016 年 10 月 1 日。

3. 文艺演出异彩纷呈，文化精品成果丰硕

天津市文艺演出活动繁荣活跃，大型演出精彩纷呈，文化精品硕果累累。2011 年，天津市策划组织了"辉煌 90 年——天津市纪念中国共产党成立 90 周年文艺晚会"，并成功举办天津市 2011 年新年音乐会等大型晚会。2012 年，天津举办了莫斯科丹钦科音乐剧院芭蕾舞团的《天鹅湖》和《罗密欧与朱丽叶》、美国费城交响乐团音乐会等 239 场高水准文艺演出。2013 年，天津市成功举办优秀剧目展演活动，圆满完成第六届东亚运动会开闭幕式、夏季达沃斯论坛天津之夜演出等一系列重大演出任务。2014 年，天津成功举办第七届中国京剧艺术节，天津成为全国首个两度举办中国京剧艺术节的城市。2015 年，天津成功举办了诗歌朗诵网络春晚活动。2011～2013 年，天津市局属院团演出累计达 8093 场次，观众人数累计达 396 万人次，取得良好的社会效益和经济效益。2011～2015 年，天津共创排新剧目 37 部，审查通过影视作品（含电视剧、动画片、电影）100 余部。获得全国"五个一工程"奖 4 项，2 部剧目入选国家舞台艺术精品工程资助剧目，5 部电视剧获得"飞天奖"，另有 26 部作品在全国性戏曲杂技类比赛中获奖。各年份具体情况详见表 7 - 2。

表 7 - 2　2011～2015 年天津市文艺作品获国家级奖励情况

单位：项

年份	全国"五个一工程"奖	国家舞台艺术精品工程资助剧目	电视剧"飞天奖"	其他全国性戏曲杂技类比赛获奖项目	年度获奖总数
2011	1	1	2	9	13
2012	1	1	—	5	7
2013	—	—	2	9	11
2014	1	—	—	3	4
2015	1	—	1	—	2
合计数	4	2	5	26	37

注：2011 年，京剧《华子良》作为唯一的京剧剧目参加了全国"五个一工程"奖十大精品剧目全国巡演；《香莲案》入围 2010～2011 年度国家舞台艺术精品工程资助剧目；电视剧《解放》《幸福来敲门》获得中国广播影视第二十八届电视剧"飞天奖"。2012 年，河北梆子《晚雪》荣获中宣部第十二届精神文明建设"五个一工程"奖、评剧《赵锦棠》入选 2011～2012 年度资助剧目。2013 年，电视剧《辛亥革命》《妈祖》获得中国广播影视第二十九届电视剧"飞天奖"。2014 年，评剧《赵锦棠》荣获第十三届精神文明建设"五个一工程"奖。2015 年电视剧《寻路》荣获第 13 届精神文明建设"五个一工程"奖和第三十届电视剧"飞天奖"。

资料来源：天津市文化广播影视局 2011～2015 年各年度工作总结等。

4. 政策环境优化，营销平台成效显著

从政策的扶持力度来看，2010 年以来，天津市政府先后出台了《天津市文化产业振兴规划》《天津市"十二五"文化产业发展规划》《关于鼓励和支持天津市文化产业发展的实施意见》《关于促进天津市电影产业繁荣发展的实施意见》，从财政、税收、土地、人才、投融资、工商管理、非公有资本进入等方面提出了一系列扶持政策。市委宣传部、市文改办等相关部门也单独或联合出台了《天津市文化体制改革中经营性文化事业单位转制为企业的实施意见》《关于文化体制改革中进一步支持文化企业发展的实施意见》；为了推进产业间融合，天津推出一系列特色文化产业融合发展的指引性文件，

比如《天津市促进文化和科技融合发展的实施意见》《关于促进天津市文化与金融融合发展的实施意见》《天津市关于推进文化和旅游融合发展的实施意见》《关于促进天津市文化贸易发展的实施意见》等支持文化产业发展，为推动文化产业发展创造了良好政策环境，对加快推进文化产业发展具有重要作用。"十二五"时期，天津市还通过中国（天津）演艺产业博览会、中国（天津滨海）国际文化创意展交会、艺术品拍卖会等营销平台，极大地推动了文化贸易的发展。

二　天津市文化产业发展存在的问题

1. 文化产业发展的整体实力不强

天津文化产业发展起步较晚，相关配套政策不够完善，市级以上文化产业示范园区和基地的经营管理水平还比较低，部分基地园区还不规范，示范带动作用较小，在全国有影响力的骨干企业较少，自主研发和科技创新能力不强。而且文化产业增加值占全市国内生产总值比重较低。缺少全国性领军企业和有明显优势的产业集群。

2. 文化产业结构尚需进一步优化

从天津文化产业结构的构成来看，文化产业缺少核心文化层，多集中在外围层。互联网、网络游戏、影视制作等新兴产业与文化相结合的新兴业态较少，文化与科技、金融、制造业和旅游休闲等产业融合发展程度不高，产业利润较低。从文化创意产业园区来看，还未形成完整清晰的创意产业链条。不少文化创意产业园区在创建初期缺乏前期规划，入驻企业同质性特点明显，缺乏必要的合作、资源共享和互动创新，无法形成完整清晰的创意产业链。少数产业链虽具雏形，但"链接点"松散，无法激活产业链各个环节，很难与其他行业生产达成合作关系，不利于园区规模经济效益的发挥与综合融汇集群效应的形成。

3. 文化精品文化品牌相对比较缺乏

伴随着天津市经济社会的快速发展，城市化进程的加速，市民的消费需求结构产生了重大转变，物质消费需求所占比重逐渐下降，人们的思想文化需求快速增长。同时，由于社会的转型，社会经济成分、组织形式、就业方式、利益关系和分配方式日益多样化，社会思想文化也呈现出多元化的倾向。市民文化需求的快速增长和多元化迫切需要品质优异的主流文化加以引领和凝聚，需要多出文化精品，打造有价值的文化品牌。另外，文化精品和文化品牌具有聚集优质资源的特点，能产生聚集效应，带动整个城市文化的发展和提升。天津市历来重视文化精品项目的打造和推出，但是思想性、艺术性、观赏性相统一的精品力作还不多，特别是能产生聚集和辐射效应的文化品牌更是少之又少。因此，天津需要加大文化产品创作生产的引导力度，增加对文化精品项目的投入，创建有影响力的文化品牌。

4. 文化产业人才尤其是高端创意人才缺乏

高端创意人才是决定天津文化产业形成和价值转化的关键因素。天津汇聚高端创意人才资源的能力明显不足。与北京、上海等国内一线城市相比，天津市在高层次文化领军人物培养方面仍然存在比较大的差距。以中宣部"四个一批"人才培养情况为例，截至2011年，北京市入选人数为37人，上海入选人数为25人，都要远远多于天津市。这与天津作为中国曲艺之乡、历史文化名城的地位很不相称。

5. 文化产业发展的软硬件环境仍需进一步优化

在软件方面，天津市文化体制改革仍然任重道远，依然存在着文化行政部门职能转变不到位，文化产业管理"越位"和"缺位"的情况；文化行政管理部门间权责关系不明晰；文化市场监管还没有找到从事前审批转到事中、事后监管的有效办法；文化企事业单位转制后存在内部机制不健全，发展活力和质量不高等问题。硬件方面，文化产业对基础设施条件要求较高，就目前天津发展的环境来看，产业技术设施等条件相对不高，对促进产业资源聚集还有一定的阻碍作用。

第二节　区域一体化发展与天津市文化产业发展布局

京津冀区域一体化发展下，天津市文化既面临着前所未有的发展机遇，也面临着严峻挑战；既有诸多快速发展的有利条件，也存在一些制约因素；既有着独特的发展优势，也面临着多重压力和竞争；既具有良好的发展基础和前景，也有许多新情况、新问题需要应对和解决。

一　文化产业发展的有利条件

1. 天津拥有深厚的历史化底蕴和丰富的人文资源

天津是国务院命名的历史文化名城，建城设卫 600 多年，具有十分深厚的文化底蕴。天津在我国近现代历史进程中占有特殊重要的地位，拥有大量近现代历史文化遗存、众多历史文化名人、风格独特的中西方建筑和重大历史事件见证地，可开发利用的历史文化资源丰富。与此同时，天津现代文化资源丰富，是全国著名的戏剧、曲艺之乡，艺术门类齐全，拥有全国一流的专业院团，广播、影视、新闻、出版实力雄厚，文化产品影响广泛。这些都将成为"十三五"时期天津文化产业发展的重要基石。

2. 天津文化产业增长空间大，后发优势明显

近几年，天津市文化产业增加值年均增速始终保持在 20% 以上，甚至是接近 30% 的幅度，文化产业增加值占 GDP 比重也逐年提升。这表明，天津文化产业发展后劲十足，潜力巨大，后发优势明显。以文化产业增加值的绝对数量为例，2011 年天津文化产业增加值仅为北京和上海的1/5；而时隔2年的2013年，天津文化产业增加值与北京和上海的差距明显缩小，为北京和上海的一半。这说明，"十三五"时期，天津文化产业发展规模和水平提升空间很大，后发优势明显。

3. 京津冀三地文化产业发展差异明显、各有所长

北京作为全国的政治和文化中心，文化产业厚重而独具优势，资本、技术、人才等文化生产要素富集，北京一直以来都是京津冀地区乃至全国文化产业发展的领头羊。北京文化产业不仅在文化艺术、新闻出版、影视广告、旅游等一些传统领域具有显著优势，而且在数字动漫、网络传媒、创意设计等新兴文化业态方面亦十分发达，对周边形成了较强的辐射效应。天津地处环渤海地区，便捷的海运、空港条件为其发展高端文化装备制造业提供了有利条件。同时，天津的特色"津派"民俗文化、广告会展业、互联网产业优势明显，产业环节主要集中于内容创意、发行展示、加工复制等领域。河北省历史文化厚重，目前已形成以文化用品生产和销售、出版发行、文化旅游、文娱服务等行业为主导的特色文化产业，主要集中在生产复制环节，在文化制造业方面具有较大潜力。

二　文化产业发展的制约因素

1. 城市文化发展方向不具体不明确

文化发展越来越受到各个城市的关注，成为一个城市的长远发展战略和重要发展目标。随着城市间经济社会联系日益紧密，城市之间的文化竞争日趋激烈，如何凸显城市自身文化特色，彰显城市独特的文化魅力，确立符合城市文化特质的文化发展方向，是提升城市"文化软实力"和"综合竞争力"的重要举措。比如，巴塞罗那市提出要建设"知识城市的发动机"；新加坡市提出要做"亚洲文艺复兴城市"；北京、上海市均提出要建设"世界创意之都"。天津市虽然已经提出"文化强市"的城市发展目标，但尚缺乏符合城市文化特

质和文化发展方向的高度凝练，没有具体明确天津文化的发展方向和
"文化强市"的具体衡量指标体系，这将在很大程度上制约天津市文
化产业的进一步发展。

2. 重经济轻文化的现象仍然存在

长期以来，各区县为了加快经济发展，确立了以经济建设为中
心、各项工作都要服务或服从于这个中心的发展方针，经济发展水平
成为衡量发展程度最主要甚至唯一的指标，由此导致重经济轻文化的
思想认识，对文化建设的重视程度远远低于对经济建设的重视程度。
在这一思想指导下，技术设备、人才资金、方针政策、法律法规等大
量社会资源聚集到经济领域，文化建设被置于无足轻重的位置。虽然
前些年天津提出了经济建设和文化建设并重的原则，但受惯性思维的
影响、陈旧观念的制约，实践中并未坚持并重的建设原则，虽然是文
化建设被纳入政府的重要政策议程，但到实际的操作层面，政策运行
的最终结果却又陷入文化搭台、经济唱戏的怪圈，文化产业发展难以
受到应有的重视。

3. 束缚文化生产力发展的体制机制问题依然存在

目前正处于推动文化改革发展的关键时期，体制机制矛盾集中出
现，改革任务仍然繁重。其中，文化产业发展机制还不够灵活，政府
职能还未完全转变，还存在政事不分、企事不分、管办不分的现象，
统一开放、竞争有序的现代文化市场体系尚未完全形成，与社会主义
市场经济体制相适应、与社会主义精神文明建设要求相符合的文化管
理体制和运行机制尚未完全建立。这直接导致了天津市文化产业的自
主创新能力不足，文化产品缺乏市场竞争力，文化企业的整体实力不
强，缺少知名的文化品牌等问题，迫切需要继续深入推进文化体制改
革，破除文化生产力发展的体制机制障碍。

4. 政策法规体系和财政、金融保障机制不完善

文化产业的发展和繁荣，离不开成熟完善的文化政策法规体系作

保障。目前，促进文化产业发展的政策法规，带有鲜明的行政色彩，多偏重监督、规范、限制、义务和处罚，对发展、促进、保障、权利和服务来说不够。特别是在文化资源配置从行政性配置体制转向市场化配置体制的改革中，相关政策、法律法规的跟进以及新老政策的更替也显得不足。近年来，新增文化及相关企业主要是中小微企业，从企业数量和从业人员来看，民营企业是主体。但是，银行信贷与小微型企业的融资需求不匹配，有针对性的贷款项目创新不足，导致中小微型文化企业出现了发展的投融资困境。

三　天津市文化产业发展的历史机遇

1. 文化消费市场不断扩大

"十三五"时期是全面建成小康社会的关键阶段，人民群众多层次的文化需求将不断得到满足。近年来，随着天津市经济社会的健康、快速发展，天津市居民的收入已达到中等发达经济体水平。以2013年为例，天津市人均GDP达到99607元，在全国排名第1位；城镇居民人均可支配收入达到32294元，在全国排名第6位；农村居民人均纯收入达到15841元，在全国排名第4位；城镇居民人均消费支出达到21712元，在全国排名第5位；农村人均生活消费支出达到10155元，在全国排名第4位[1]。在这一时期，城乡居民的消费倾向逐渐向精神文化方面转移，文化需求增长比例大大提升，超过物质需求，整个社会的文化消费体量及结构都发生根本性变化。"十三五"期间，城乡居民的消费结构将持续转变，市民文化需求的快速增长，将为天津文化发展提供强大的消费动力与发展空间。

2. 滨海新区文化产业聚集效益初现

按照国务院"建设国家级滨海新区文化产业示范园区"总体要

---

① 数据引自《2014中国文化统计手册》。

求，天津滨海新区确立了"争当文化大发展大繁荣排头兵"的战略目标，并努力把滨海新区文化产业打造成为优势产业、支柱产业，使滨海新区成为"富有开发开放特色、充满创新活力"的文化强区，以特殊的文化魅力统领滨海新区建设。为了实现上述目标，滨海新区政府逐年加大对文化产业的投入和扶持力度，设立了专门的文化产业发展引导资金，实施重大文化产业项目带动战略，着力打造了"六大平台"（政策平台、公共服务平台、人才交流平台、展示交易平台、行业服务平台和投融资平台），努力形成了多元化、多层次的服务保障新格局。特别是随着滨海新区国家级文化产业示范园区的创建，"一区多园"的文化产业模式已经初步形成，并显现出良好的集聚效应。

3. 京津冀协同发展取得实质性进展

2013 年京津冀协同发展国家战略的提出，为天津文化事业的发展提供了难得的历史机遇。京津冀协同发展是全方位、立体化的，其中也包括文化事业的协同发展。京津冀地区地域相连，文脉相通，文化是京津冀协同发展的重要内容，在促进三地相互融合、协同发展中具有独特优势。随着京津冀协同发展的不断深入，天津与北京、河北三地开展了富有成效的文化产业融合发展，签署了《北京市天津市关于加强经济与社会发展合作协议》《京津冀三地文化产业协同发展战略合作备忘录》《京津冀三地文化领域协同发展战略框架协议》，搭建了良好的文化合作平台，文化融合开始呈现出良好的发展态势，多家北京文化企业落户天津中新生态城，天津文化产业的聚集效应初步显现。我们相信，伴随着京津冀文化合作协议的进一步落地实施，良好合作机制体制的形成，天津作为京津冀地区的重要一极，凭借其独特的文化资源优势，利用毗邻京、冀得天独厚的区位优势，借助北京文化产业的外溢效应，实施文化产业错位发展，将能有效地整合区域文化资源，推动京津冀文化一体化，提升京津冀区域文化发展的影响力和辐射力，为天津文化产业发展营造良好的区域发展环境。

4. 文化产业发展空间不断扩展

"一带一路"战略是进入 21 世纪以来我国在世界区域整合和全球化发展趋势下审时度势提出的一项振兴区域经济的宏伟战略。它顺应世界多极化、经济全球化、文化多样化、社会信息化的潮流，秉持开放的区域合作精神，致力于维护全球自由贸易体系和开放型世界经济。在"一带一路"建设中，天津是中蒙俄经济走廊的东部起点和海上合作战略支点，具有区位优势明显、经贸发展强劲、运距相对合理、航线布局便捷、海空联动前景广阔等优势。天津融入这一重大国家战略，将有利于天津在更大范围、更深层次、更宽领域进行文化资源整合、参与国际国内文化合作；推动天津文化企业进一步开拓境外市场，引进利用国内外资金和先进技术，提高天津文化的国际化水平。

四 天津市文化产业发展的战略目标与战略布局

《天津市国民经济和社会发展第十三个五年规划纲要》提出将天津建设成为文化繁荣、社会文明的魅力人文之都。文化的繁荣和城市魅力的提升离不开文化产业的快速发展和升级转型，需要进一步明确天津市文化产业发展的战略目标和布局。

1. 战略目标

紧紧抓住天津文化产业发展的历史机遇，围绕文化立市、文化治市、文化强市、文化兴市的战略目标，建设文化产业强市和智慧文化城市。到 2020 年，全市文化产业增加值超过 1600 亿元，占全市生产总值比重达到 6.5%，建设一批重大文化产业项目，形成一批特色鲜明、功能完善的文化产业功能区，培育一批技术先进、实力雄厚的文化企业集团，推出一批有影响力的文化产品和品牌活动，造就一批思想先进、业务过硬的文化产业人才。①

2. 空间布局

在文化产业"四带多点"基础上，充分开发利用区域优势资源，结合行业分类和园区要素特点，整合提升天津文化产业聚集区，形成"一轴、四带、十八区"的文化产业总体布局。各个区县围绕自身的文化资源特色，制定各区县文化产业发展规划，明确其文化产业发展的重点和布局。

3. 产业布局

积极构建传统文化产业、现代文化产业和新兴文化产业三位一体的文化产业格局。突出天津特色文化产业的发展，把文化旅游业放在文化产业发展的首要位置，继续做强做大"近代中国看天津"旅游文化品牌。继续推动广播影视、出版发行、演艺娱乐、文化旅游、文化会展和广告、艺术品交易等传统文化产业的发展，巩固已有优势。大力扶持文化创意设计、新媒体、数字出版、动漫游戏、文化软件服务等高知识性、高附加值的文化产业。加快发展与移动互联网等紧密结合的新媒体、云计算、物联网、大数据等新兴文化产业。

第三节　面向一体化的天津文化产业发展战略选择

战略一词原是军事用语，是指"指导战争全局的计划和策略，也用来比喻决定全局的策略"，后来逐步运用于政治、经济和包括文化在内的其他社会生活领域。文化产业发展的重要战略选择是对影响文化产业发展的重要问题做出的解答和回应。

---

① 《天津市"十三五"文化产业发展规划》，http：//www.tjzfxxgk.gov.cn/tjep/ConInfoParticular.jsp？id=66230，2016年10月1日。

一 特色文化品牌战略

品牌涵盖产品质量、特征、性能，凝聚企业风格、精神和信誉，能够抵消质量不确定性的影响，帮助消费者识别和选择商品，消费者愿意为某种品牌支付溢价，品牌是具有商誉影响和商业价值的巨大无形资产。特别是当某种品牌成为一个区域形象时，这个区域的影响力、竞争力、辐射力就会在众多区域中凸显出来。

目前天津市每年的文化产品数量不少，但是文化精品和品牌却很少，品牌效应较弱。在影视行业，天津影视产业"滨海国际微电影节"，大量放映的以天津为拍摄地的电视电影作品都可被视作天津城市名片，然而天津卫视、天津广播电台与国内一些省级电视台相比较，其品牌效应仍不够。不少的动漫游戏企业，很大一部分只是承担了北京、上海及日韩等企业的外包业务，没有形成自己独立的产品品牌和知识产权。会展业缺乏国际品牌效应，会展层次低且重复。天津虽已涌现出一批具有知名品牌的会展，如台湾名品博览会、夏季达沃斯论坛、国际生物经济大会等，然而，这些民族化的会展品牌与德国、意大利等国家的国际性会展相比，还存在着巨大的差距。天津市特色文化产业的品牌渗透力和影响力都较弱，文化产品和文化产业都未能创造足够的品牌溢价。

发掘特色城市文化品牌，形成品牌影响力，围绕品牌打造上下游延伸产业，是城市文化产业发展的一个重要突破口。"十三五"期间，天津市要深入发掘天津文化元素，继续做大做强"近代中国看天津"历史文化、京剧曲艺等传统演艺节目和以杨柳青年画、泥人张等为代表的传统民俗文化品牌；继续培育和扶持津版图书期刊、津产影视剧、津版动漫游戏等新兴文化品牌。加强对天津知名文化品牌的宣传、策划、推广和保护工作，从政策、资金和人才队伍等方面给予全方位的支持，着力打造一批在国内外有较强影响力的知名文化品牌。以文化品牌建设为核心，打造上下游延伸产业，充分展示天津文化品牌的魅力，提高文化产业附加值。积极培育大型龙头文化企业，以此带动天津文化产业整体发展。

二 产业集群化发展战略

文化产业集群是指以文化及相关产业为主营产业的企业，按照一定关联集中在特定地域范围内，形成基于分工与合作的有机产业群落。这些文化企业在特定的地理空间聚集，沿文化产业链的上、中、下游分布，分担着某一种文化产品从创意、生产、销售到再开发等环节的工作，共同进行文化产品的专业化生产。它能繁荣文化产业经济，提升文化产业核心竞争力，带动区域经济发展，产生巨大的"集群效应"。文化产业的集群效应在美国的洛杉矶表现得淋漓尽致。坐落于洛杉矶的好莱坞电影产业集群，最初就是基于随机性自发形成的，由于劳动力匹配性和知识溢出等要素产生规模效应，如今好莱坞已成为世界文化产业集群化发展的典范。今天美国的好莱坞不仅是全球时尚的发源地，也是全球音乐、电影产业的中心地带，拥有世界顶级的娱乐产业和奢侈品牌，引领并代表着全球时尚的最高水平，梦工厂、迪士尼、20世纪福克斯、哥伦比亚影业公司等电影巨头和美国顶级唱片公司都云集于此。

天津市发展文化产业集群的条件初步具备，但产业的聚集度不够高。当前，天津市文化产业空间布局尚需进一步细化，文化产业发展轴线和关联产业带还不够明确；与京冀地区、环渤海区域协同发展的空间态势尚未形成。文化产业园区存在重复性建设和同质化现象，与当地资源结合不够紧密，园区内龙头文化企业较少，产业集聚效应不够明显。因此，天津需要做好以下几个方面的工作。

（1）树立集群化发展理念。要坚持"增强企业竞争力，转变分业经营，优化整合产业链，提升增值服务"的思想理念，推动文化企业同有关产业集群集聚发展，实现竞争效益、创新与外部经济效益等集聚效益，形成文化产业优势，培育品牌，实现各类资源共享，增强企业的竞争力。

（2）强化分工合作。积极促进大中文化企业同中小文化企业的强强联合、兼并重组或是战略协作，实现资源共享，促进科技改革创新，达到优势互补；实现文化产业企业同其他企业的协作、分工和交流，让企业之间进行资源、信息的共享及交流。

（3）发展中介机构。积极运用目前已有的服务、文化与科技中介组织，建立产业间的组织与经纪人，将其他产业和文化产业融会贯通，为产业之间贸易各方带来更多交流机遇，促进文化传播，提高产品流通速度。

（4）提升产业链的相关度。鼓励、支持天津和京津冀文化园区、企业、项目间的协作交流，推动区域文化产业深度融合和高效对接。依据文化产业链中创意设计、生产加工、营销推广及衍生产品开发等诸环节的市场特征，按照合理分工、互补互惠、差异发展的原则，通过园区共建、资源共享、项目对接等路径，不断提升区域文化产业链的关联度和互补性。

三　产业融合发展战略

与其他产业相比，文化产业的综合性、渗透性、关联性突出，同多个产业存在天然的耦合关系，具有产业融合的深厚基础和广阔空间。产业融合通过各类企业之间的竞争与合作来实现，使两类甚至三类产业中的企业进行合作，激发合并、建立子公司和开发创新型文化产品的行为，它能激活市场领域，吸引更多的企业进入市场，推动文化产业与相关产业融合发展，是文化产业成为国民经济支柱产业的必然要求，也是转变经济发展方式、实现相关产业优化升级的迫切需要。

　　目前天津市文化与科技、金融、制造业和旅游休闲等产业融合发展程度不高，尚未出台《推进文化创意和设计服务与相关产业融合发展行动计划（2015～2020）》等支持文化产业发展、促进文化与科技融合、文化与金融融合、文化贸易、文化与旅游融合的系列政策文件。

1. 文化和科技的融合

　　文化与科技融合是推进文化繁荣发展的重要途径，科学技术的每一次进步都会给文化的发展样式、传播方式、表现形式带来革命性变化。在数字技术、新媒体技术迅速发展的背景下，推进传统文化与科技融合发展，逐渐成为当前推进文化发展、促进文化传播、深入发展文化产业的重要途径。天津应当利用当前科技迅速发展的契机，积极推动传统文化产业科技应用与升级，依托云计算、大数据、物联网、虚拟现实等最新科技成果，推动传统媒体和新媒体融合发展，大力发展和培育动漫游戏、3D打印、移动多媒体、网络电视、虚拟会展、艺术品网络交易等文化科技融合新业态，开发文化科技融合衍生产品和服务，不断完善产业链条。鼓励文化产业企业在企业管理、产品设计、生产制造等环节积极采用先进的信息技术手段，建立并形成以企业为主的技术研发创新机制，树立并强化技术开发和产品创新意识，进一步加强与科研院所的合作，积极加大科技投入以及引进科技人才的力度，重点培育高级的生产要素，努力形成产业规模优势，提高产品的竞争力。建立文化科技融合园区，整合优势资源，打造出特色鲜明的文化科技产业链，加强平台建设，不断探索和创新经营管理模式，提升文化和科技的创新能力。

2. 文化和金融的融合

　　在党的十八届三中全会决定提出"建立多层次文化产品和要素市场，鼓励金融资本、社会资本、文化资源相结合"。金融是经济发展运行的"血液"，是现代经济的核心，推动文化产业与金融业强强联合、深度对接，对于激发文化产业活力、推动文化大发展具有十分重要的意义。打造文化投融资平台。推动文化与资本对接，努力打好"组合拳"，通过投入政府引导资金，发挥财政资金"杠杆"效应，为天津文化产业发展提供资金支持。引导和鼓励银行、保险等金融机构研发符合文化产业发展需要的产品与服务，发展电影完片担保、众筹等新产品、新模式。鼓励文化企业采用短期融资券、中期票据、集合债券等拓宽融资渠道，优化融资结构。推动完善天津文化产权交易所，为文化企业提供资产股权转让服务。

3. 文化产业与相关产业的融合

文化具有强渗透、强关联的特性，在产业大融合背景下，文化产业表现活跃，铸造了"文化＋"这个崭新的发展形态。"十三五"期间要紧紧围绕"文化＋"，充分发挥文化引领作用，推动文化与旅游、体育、商务、农业、制造业等行业的双向融合，积极培育文化融合新业态。通过推动文化与其他相关行业领域深度融合发展，丰富其文化内涵，提升其文化品位，催生文化融合发展新思路、新模式、新业态。

4. 完善文化产业融合发展的举措

一是完善文化产业市场主体。在文化产业市场主体中，企业是最为重要的主体，因此要重点实施文化转制企业帮扶计划和民营文化企业提升计划，推动转企改制文化单位建立完善现代企业制度，加快推进天津广电网络公司、天津出版集团、北方网新媒体集团等企业股改上市，增强发展活力与市场竞争力。增强国家动漫产业综合示范园等园区的孵化、集聚、交易、展示和交流功能，搭建小微文化企业孵化培育平台，积极培育"专、精、特、新"的中小文化企业群体。

二是搭建融合发展平台。要以文化产业和有关产业融合的战略眼光来进行产业布局，拓宽思路与策略，构建融合发展的产业园区，扩展产业的发展空间，完善园区建设。在高新技术产业园区、现代商贸聚集区等各种工业园区兴建的过程中，要充分考虑文化产业的发展空间，尤其是同现代服务业、先进制造业联系紧密的创意会展、工业设计等文化产业园区建设，保持相关配套政策的一致性，为融合发展提供空间保障。

三是保护好知识产权。知识产权是核心价值，这是信息产业与文化产业共有的特征。信息产业同文化产业融合产生新的业态，必须通过市场来指引与培养，特别需要规范的、成熟的市场环境，保护知识产权。尊重知识产权，从法律层面维护电子交易，正确运用知识产权及隐私保护，是保证新兴业态形成和发展的关键，必须促进文化项目的知识产权保护，构建有关的公共服务平台。

四是政府做好引导服务工作。随着文化产业快速发展，引导和服务文化产业发展是政府的主要职能。健全有关的法律制度，进行管理规制机构改革，建立融合性的规制部门，为企业带来公开、公平的业务发展空间。同时积极指引与支持公司增加高新技术投入，加强高新技术研发与基础研究，尤其是信息技术的进步。一方面指引、鼓励与支持信息产业与文化产业融合；另一方面亦需要指引、鼓励与支持文化产业与相关产业融合。引导企业混业经营，降低企业成本，控制金融风险，产生协作效益。按照文化产业融合发展的需求，提高对该产业融合项目的资金投资量，尤其是对于发展空间拓展、全新的工业设计、时尚设计与创意设计等文化类的项目给予贴息或者低息信贷，设立部分产业扶持类的贷款。整合文化产业发展与相关产业扶持资金，加大资金扶持力度，促进银行信贷、民间资本、公司自有资本投向文化产业。

四 京津冀区域文化协同战略

京津冀协同发展，是以习近平同志为总书记的党中央着眼于实现中华民族伟大复兴和"两个一百年"奋斗目标、着眼于优化区域发展布局、打造新的经济增长极提出的重大国家战略。京津冀协同发展是全方位、立体化的，其中也包括文化产业的协同发展。而且京津冀地区，地域相连，文脉相通，文化是京津冀协同发展的重要内容，在促进三地相互融合、协同发展中具有独特优势。

但目前，京津冀三地文化产业的关联度和互补性仍然较低，北京的智力、金融和信息资源优势突出，在动漫游戏、影视传媒、设计服务等创意领域的发展水平远远高于天津和河北，北京的人才、技术、创意、资本等要素还没有向天津和河北流动，统一的区域文化要素市场还没有形成。三地文化产业发展仍然受限于条块分割的行政管理模式，联席会议制度尚未真正发挥统筹协调的功能，因此需要进一步深入推进京津冀三地的文化产业协同发展，放大"同城效应"，促进京津冀三地文化资源共享和文化互动。增进彼此间的文化认同，强化利益共同体的思想观念，在实际工作中自觉地将协同合作理念与文化政策制定、经济利益考量融为一体。

在京津冀一体化的视野下，天津文化产业的发展不仅要立足于自身的文化资源优势、城市发展布局，也要从京津冀地区协同发展的大背景、从优化京津冀文化协同发展的大局出发，以整合区域优势文化资源为重点，突出发挥自身比较优势，适应现代产业分工要求，坚持区域优势互补和合作共赢的原则，以京津冀一体化发展为载体，以优化京津冀产业布局和升级为目标，统筹规划区域内的文化资源要素和空间，构建长效合作机制和体制。同时，北京要更加注重用好首都资源，积极与周边省市合作，通过良性互动、共赢发展，聚集更多文化生产要素，破除文化发展瓶颈，推动京津冀文化产业抱团发展。为此，三地协同发展需要做好以下几个方面的工作。

（1）完善京津冀文化政策法规体系建设。加强京津冀三地在文化政策法规建设方面的合作，构建有利于京津冀地区文化同步发展、整体繁荣的政策法规保障体系，为区域文化合作创造条件。打破行政和区域壁垒，降低市场准入门槛，建立统一有序的公开、公平、公正的市场准入制度。

（2）健全京津冀三地信息共享机制。探索建立相关政策、文化产业投资项目、重大文化活动等信息的共享发布机制；构建京津冀区域信息资源互认共享交流平台，完善信息交互机制。统一京津冀三地文化事业发展指标统计口径，进一步健全区域文化合作统计指标体系和统计调查办法，加强文化产业各门类、文化贸易等专项业务的统计工作和京津冀地区文化发展综合数据的发布工作。

（3）拓展京津冀三地文化合作服务平台。鼓励和组织本市文化企业积极参与北京、河北的重大文化活动，促进三地在非物质文化遗产保护、文化艺术创作、公共文化资源共享、文化产业发展、人才培养和引进等方面的合作。推进政府间合作、深化企业间合作，鼓励中介服务机构的跨区域合作。

（4）加快京津冀三地文化市场一体化建设。构建统一的京津冀地区文化要素展示、交易、流通平台，重点在文化创意、人才流动、技术创新、资本融资、产权版权保护、信息共享等领域搭建统一市场平台。开展异地购票、异地交费及异地"一卡通"服务。以完善文化市场主体信贷、纳税、合同履约不良记录等信用记录为重点，进一步加强京津冀三地在文化市场诚信体系建设方面的合作。

（5）构建京津冀三地对外文化交流联动机制。整合京津冀地区文化资源，为京津冀地区联合赴海外举办文化交流活动提供内容保障与支持。对京津冀地区的重点文化出口企业在市场开拓、技术创新、海关通关等方面给予支持，鼓励区域内有实力的文化机构牵头开展京津冀文化出口协作，将京津冀地区打造成为中华文化"走出去"的战略基地，显著提升京津冀地区文化在国内外的影响力。

（6）促进京津冀三地文化产业聚集区建设。充分发挥京津冀三地各自在文化产业发展方面的优势，集结区域资金、技术、人才的整体优势，强化三地在文化与科技融合、文化与创意融合、文化与旅游融合、文化与商贸融合等方面的合作。着力推动京津冀区域内部的文化产权交易、文化产品和服务贸易，鼓励文化企业跨领域、跨地区合作发展。推进京津冀地区文化产业集群建设，着力打造若干主题特色鲜明、发展潜力巨大的重点产业集聚区。

五　文化"走出去"发展战略

京津冀协同发展和"一带一路"战略逐步实施的背景下，京津冀各种市场包括文化市场之间的联系渗透会越来越紧密深入，天津文化产业的发展空间会越来越广阔，天津要抓住这样的发展契机大力拓展京津冀和亚欧文化市场，实现文化产业的市场突破。

（1）实施"天津文化精品海外推广计划"。通过大型文化活动海外展演，天津提高文化开放水平和在国际上的影响力。积极借助国家和海外活动平台，每年在海外，特别是在发达国家和地区，举办1～2次有较大规模和影响力的演艺、文物、图书、影视和非遗等文化精品项目综合展示活动，集中展示天津文化建设和发展新成就，提高天津文化在国际上的影响力。

（2）打造知名传媒品牌。世界著名城市，无一例外都拥有著名的传媒品牌，比如纽约有《纽约时报》《华尔街日报》《时代周刊》和《新闻周刊》；伦敦有《泰晤士报》、BBC；东京有《读卖新闻》《朝日新闻》《每日新闻》和NHK；新加坡有《联合早报》；香港有"凤凰卫视"；等等。这些都是区域甚至全球有影响力的媒体。随着天津城市地位的提升，打造天津传媒知名品牌，提高天津传媒的国际传播能力势在必行。

（3）扩大对外文化贸易。以贸易和投资形式推动文化走出去，更可持续、效果更好。充分考虑各国文化传统、宗教信仰、审美标准，贴近国外受众文化需求和消费习惯，推出更多具有中国气派、天津风格、天津特色的文化精品。

（4）鼓励开展多层次、多领域文化交流。把政府交流和民间交流结合起来。推动设立"天津对外文化交流基金"，吸引企业和社会资本参与天津的对外文化工作。力争实现国家级文化交流与对外文化贸易交易平台建设零的突破。

（5）构建"天津对外文化工作服务平台"。考虑到天津文化机构国际文化交流能力仍有待提高的现实情况，要从政策和资金方面，鼓励形成一批专业能力强、熟悉海外运作和市场，并能够服务于天津对外文化工作和"走出去"战略的文化经纪公司和公共服务平台。

第四节　促进文化产业发展的对策选择

对策就是措施和手段，它是战略目标和任务得以实现的保证。文化产业发展战略要特别关注文化产业发展的方法论问题，积极探索和运用实现文化产业发展目标的多种措施和手段。

一　促进文化产业转型升级

1. 优化整合文化产业资源

制定文化产业资源优化整合政策，充分利用文化创意资源发展文化产业。以股份制、集团化为目标，整合经营性文化资源，走集约化经营之路。用市场化发展的眼光规划文化资源，采取保护和开发相结合的措施，从优化资源入手发展独特的文化创意产业，把文化资源优势转化为文化产业优势。

2. 积极扶持培育优势产业

在传统文化产业方面。突出天津传统"津味"文化优势，结合投资方的核心诉求，在南开区、蓟县、静海等地区打造集古文化观光、宗教朝觐、温泉度假、文化体验、旅游休闲等为一体的综合开发项目。在滨海新区、武清区、生态城等地开发动漫影视产业，力争将动漫影视产业打造成为天津市产业发展的新名片。利用优势产业带动整体产业进行错位互补发展，从而形成具有天津特色的创意、生产、经营的上下游产业联动效应。

3. 扶持原创作品的生产并注重完整产业链的形成

"原创"是设计之魂，文化产业更是深深依赖于此。鼓励扶持各级、各类企业及个人创作和推广优秀原创产品，这是发展原创、保护原创的前提，其中重点扶持群众接受度高的具有艺术创新性的原创产品，让天津的创意产业发展氛围日益浓厚。还要努力增强原创及衍生品设计开发的能力，让原创人才、企业与推广平台联合起来形成一个良性发展循环，借此培育出一批专业能力强的人员及企业，全面把握产业联系，构建产业自我良性发展的内生运作机制，从而逐渐形成原创、生产、推广的上下游联动产业链，形成具有天津风格的创意品牌，并加强其国际影响力。

4. 合理定位规划文化产业园

目前，天津市已形成五十余家创意产业园区，但园区的同质化现象严重，园区与园区之间出现了许多重合的部分，甚至出现园区模式重复的现象。这不仅造成了产业资源浪费，还挤压了产业的发展空间。因此，发展文化产业园应根据产业发展的实际状态，分析产业发展状况，对产业园进行合理定位，走差异化发展路线。努力构建多样化、多元化发展园区环境与交流合作的平台，使每个产业园都能有自己的特色和发展空间，在互相配合的基础上发挥最大效应。

5. 优化文化产业发展的环境和平台

文化产业的发展离不开良好的产业环境和平台。要建设文化产业项目服务平台，加强文化产业项目征集发布、宣传推介、合作对接服务，提高文化产业领域公共服务水平。提升天津滨海文创展交会专业化、市场化水平，共同打造京津冀地区文化产品展示、交易平台。深化文化金融合作，创建国家文化金融合作试验区，鼓励金融机构针对文化企业特点创新产品和服务，推广无形资产质押融资，建立文化企业征信体系、融资风险补偿和信用担保机制。

二　推动多出精品力作

1. 大力加强文化艺术原创能力建设

实施文化艺术作品原创扶持工程，积极推动文化艺术创新，加强知识产权保护，集中打造一批具有时代特征、能够体现天津地域文化特点的原创文化艺术精品和创新示范工程。

2. 树立精品意识，打造知名文化品牌

树立精品意识，抓好重点文艺作品创作生产，建立健全文艺创作全程服务机制，完善文化精品生产传播的激励机制，健全文化产品评价体系，改革评奖制度；鼓励和扶持能够反映天津发展成就，能够体现津味文化特色、群众喜闻乐见的优秀文艺创作项目，做好优秀津产文艺作品的推介宣传工作，努力打造更多在全国叫得响的精品力作。

3. 弘扬优秀传统文化，继承发展传统艺术

天津作为曲艺之乡，有着丰富的优秀传统文化资源和形式多样的艺术表现形式。"十三五"期间，天津要从软硬件两个方面继续繁荣发展优势文艺门类：一方面，为评剧、京剧、河北梆子、曲艺、杂技等传统艺术表演配建环境优良的演出场所，鼓励和支持"茶馆相声"等接地气的民间表演形式发展；另一方面，要鼓励创作、排演经典剧目，培养名家新秀，推出一批具有广泛影响的精品剧目。

4. 推进文化产业发展的供给侧结构性改革

供给侧结构性改革，核心是改变投资消费失衡的格局，增加有效投资、扩大有效供给，减少无效投资带来的产能过剩问题。也就是说，供给侧结构性改革建立在消费结构升级的基础上，把消费需求作为投资的重要引导。天津市文化产业的发展需要适应文化需求全面快速增长的趋势，需要加快文化领域的结构性改革，释放市场主体活

力，扩大文化有效供给，提高文化产业占比，为经济转型升级提供新动力。探索拉动城乡居民文化消费试点，调动市场力量，增加有效供给，培育新的文化消费增长点。

5. 扩大和引导文化消费

要扶持、引导文化企业建设文化消费载体，改善文化消费环境，提供个性化、多样化的文化产品和服务。推进杨柳青年画、泥人张彩塑等"津味"特色文化资源与现代消费需求有效对接，拓展大众文化消费市场。建设城市文化消费服务平台，鼓励研发商业演出、动漫游戏等领域的移动支付系统，提升文化消费便利化水平。

三 创新文化产业管理和运营机制

1. 深化政府职能转变

充分发挥市场在文化资源配置中的积极作用，构建文化产业领域的"小政府、大市场"模式，减少政府对市场的干预，更多地将文化产业自治权限和经营活动管理权下放至产业联盟、行业协会、中介平台等社会组织。按照政企分开、政事分开原则，推动政府部门由办文化向管文化和服务文化转变。政府的作用重点在于促进各种生产要素的合理组合，改善基础设施，制定规则和政策，确保市场竞争的公平，提供高质量的教育培训等方面。在全面履行政府职能的基础上，更加注重强化政府在文化建设中的社会管理和公共服务职能，把构建公共文化服务体系、文化产业体系、文化市场体系、文物保护管理体系纳入国民经济和社会发展总体规划、地区发展质量考核及干部晋升考核内容。

2. 理顺文化部门之间的相互关系

形成职能清晰、科学合理、条块结合、责任明确的分层、分类的文化管理新格局，加快推进政企分开、政资分开、政事分开、政府与市场中介组织分开；建立健全文化管理部门间联席会议制度，进一步完善党委统一领导、党委宣传部门指导协调、党政各部门各负其责、社会各方面齐抓共管的格局；树立"大市场、大作为"的观念，加强部市合作和市区联动，探索建立"市区各部门紧密配合、政府和企业紧密联系"的京津冀文化合作组织体系，开展文化产业的跨区域深层次合作，推动生产要素的跨地区高效流动和资源的优化整合，不断强化区域间的协作关系。

3. 深入推动国有文化企业改革

遵循市场经济规律和文化发展规律，坚持权利、义务、责任相统一，坚持激励和约束相结合，分类推进国有文化企业改革，使国有文化企业真正成为依法自主经营、自负盈亏、自担风险、自我约束、自我发展的独立市场主体。推动天津市国有文化企业建立体现文化特色的资产组织形式，建立现代企业制度，完善法人治理结构，创新经营管理模式，打造合格的文化市场主体。2015年9月，中共中央办公厅、国务院办公厅印发了《关于推动国有文化企业把社会效益放在首位、实现社会效益和经济效益相统一的指导意见》。以实现"双效统一"为导向，加快国有文化企业改革，形成符合现代企业制度要求的资产组织形式和经营管理模式，发挥国有文化企业在文化产业发展中的引领和带动作用。

4. 加快建立京津冀统一的文化市场体系

文化无边界，需要打破条块分割和地区封锁，打破行业垄断，逐步建立统一、开放、竞争、有序的文化市场体系，促进文化人才、资产等文化生产要素自由流通。同时鼓励文化企业兼并和重组，通过组建跨媒体、跨行业、跨地域的文化集团，优化文化资源配置。

5. 创新文化管理体制

文化行政部门要积极培育和发展行业协会组织，充分发挥行业协会的自组织功能。设立文化决策咨询委员会，建立一支由专家学者、政府文化管理人员、文化工作者组成的专业决策咨询队伍，形成文化发展"智库"，共同讨论和论证天津文化建设中的重大项目、重要规划等事项，指导工作实践。进一步探索建立健全党委统一领导、党委宣传部门协调指导、行政主管部门具体实施、行业协会组织自律、文化企事业单位依法运营的文化管理新体制。

6. 加强文化市场监管

依法加强文化市场管理，创新文化市场监管模式，综合运用法律、行政、经济、科技等手段提高管理水平，加强文化市场技术监管与服务平台建设与应用。构建以信用监管为核心的文化市场监管体系，落实"一个平台管信用"，建立文化市场基础数据库，完善市场主体信用信息记录，建立文化市场守信激励和失信惩戒机制。建立健全文化市场警示名单和黑名单制度，对从事违法违规经营、屡查屡犯的经营单位和个人，依法公开其违法违规记录，使失信违规者在市场交易中受到制约和限制。落实市场主体守法经营的主体责任，指导其加强事前防范、事中监管和事后处理工作。建立文化行政部门与文化市场综合执法机构的信息共享与工作联动机制，形成分工负责、相互支持、密切配合的文化市场管理工作格局。

四　加强文化产业人才引进和培养

1. 弄清文化产业人才供求缺口

依据文化产业发展的需要，对天津市文化产业人才需求的数量、层次、结构等逐项进行专题研究，在此基础上建立文化产业专门人才数据库，重点解决文化产业发展中的结构性短缺和层次失衡的问题，减少构建人才发展平台的盲目性。

2. 培养和引进高层次文化人才

通过各种方式，大力引进高层次、高技能，通晓国际通行规则和熟悉现代管理的高级文化产业人才。进一步完善文化产业人才、智力和项目相结合的柔性引进机制，在文化产业各个领域引进一批具有国内外影响力、行业权威性、善经营、懂管理的核心人才，在入户、住房、配偶就业和子女入学等方面给予优惠政策，形成人才优势。

3. 大力培育重点领域急需的、紧缺的专门人才

加强人才需求科学预测工作。从适应天津文化事业繁荣发展的需要出发，根据规划编制情况，发布重点领域急需的、紧缺的人才目录，并据此制定鼓励人才向重点领域集聚的倾斜政策。

引导高等院校加快文化产业相关学科的建设，增设紧缺专业，培养急需人才。鼓励各级各类科研院所和社会培训机构发展各个层次、各种类型的文化产业职业教育，支持它们积极开展文化产业网络教学，扩大教育覆盖面，多快好省地培养文化产业急需的实用性人才。

4. 加强基层文化人才培养

按照"存量优化、增量优选"的原则，抓紧抓好现有从业人员队伍建设。吸引本地年轻人积极投身文化产业。通过媒体宣传、组织比赛等形式，吸引本地年轻人参与到文化产业的发展之中。由政府出面组织"津城青年创意比赛"，为天津乃至全国的青年提供一个展现创意才华的平台，为吸引年轻人从事文化产业营造良好的氛围。

5. 建立健全人才评估体系和激励机制

通过有力的措施留住、用好人才，努力创造让各类人才充分施展才干的良好环境。建立健全与市场经济体制相适应，符合各类人才特点、体现工作业绩、鼓励创新创造的分配激励机制。加强与有关部门的沟通协调，从高层次人才出入境、分配机制、子女入学和家属安置等方面创造良好的政策环境吸引人才；收入分配重点向文艺领域中的领军人物和拔尖人才，在国内有一定知名度且有较大发展潜力的优秀青年人才、文化经营人才、乡土文化能人和广播影视领域的著名制片人、著名导演、著名演员、著名记者、著名主持人以及文广影视高科技人才等倾斜。建立健全现代产权制度，探索产权激励机制。鼓励有条件的国有文化企业对做出突出贡献的经营管理人才、专业技术人才实行期股、股权激励。探索人才资本及科研成果有偿转移制度，建立以政府奖励为导向、用人单位和社会力量奖励为主体的人才奖励体系，充分发挥经济利益和社会荣誉双重激励作用。

五　优化文化产业政策和资金保障

1. 创造良好的制度政策环境

建立健全鼓励文化创新的政策体系，加快推进文化产业发展的相关立法进程。完善和落实文化产业发展配套政策，用足用好中央和文化部已经确定的各项政策。针对新情况、新问题，制定鼓励民间力量兴办文化实体产业的政策，并给予土地、税收、融资方面的优惠政策；制定、完善扶持民营文化产业、民间文艺团体的系列政策。综合运用政治、法律、经济等多种手段，建立健全文化政策法规体系，推进文化建设的规范化和法制化，保障文化体制改革的顺利进行，为天津文化产业的发展创造良好的制度环境。

2. 为文化产业发展提供财税支持

文化产业不同于其他产业，除追求经济利益外，更重要的是其提供的产品和服务有着巨大的社会效益，这种特殊的产业属性决定了文化产业的发展离不开政府财税政策的支持。加大财政投入，中央和地方政府应当在财政上予以支持，通过贷款贴息、项目扶持等方式在资金上对文化产业发展予以支持，但对于投入文化产业的财政资金，应该加强财务监管，按照科学化、精细化原则进行管理。加快文化领域的投资体制改革，鼓励社会资本进入文化领域，重点是降低市场准入门槛，放宽民间资本和外资进入文化产业的限制，除像党报、党刊、电台、电视台等重要文化机构外，原则上大多数文化产业应允许各类资本进入。鼓励文化企业上市融资发展，制定税收优惠政策，对涉及文化产业的税种税率给予优惠，对文化企业实施差异化的税收政策，在企业创建初期、发展期、稳定期等阶段采取不同的税收优惠政策，不断扶持行业主体的发展。

参考文献

[1] 陈潮昇：《推进成都城市国际化进程研究》，《西部经济管理论坛》2012 年第 4 期。

[2] 崔迪：《从欧美自由贸易园区发展经验看上海建立自由贸易园区研究》，《江苏商论》2013 年第 6 期。

[3] 董秀：《深圳国际化城市建设与管理的思考——以芝加哥为例》，《特区实践与理论》2015 年第 1 期。

[4] 方秀云：《城市国际化的挑战与杭州的应对策略》，《城市发展研究》2010 年第 2 期。

[5] 顾朝林、孙樱：《经济全球化与中国国际性城市建设》，《城市规划汇刊》1999 年第 3 期。

[6] 何晓清：《世界经济自由贸易区构建的国际经验与中国实践》，《求索》2013 年第 11 期。

[7] 刘立：《城市国际化发展的规律和主导因素分析》，《华东理工大学学报》（社会科学版）2003 年第 3 期。

[8] 李立勋：《城市国际化与国际城市》，《城市问题》1994 年第 7 期。

［9］ 李震、刘品安：《珠三角世界级城市群建设路径创新》，《开放导报》2016 年第 2 期。

［10］ 刘铁娃：《增强京津冀世界级城市群的软实力》，《对外传播》2016 年第 6 期。

［11］ 彭力、黄崇恺：《关于我国三大城市群建成世界级城市群的探讨》，《广东开放大学学报》2015 年第 6 期。

［12］ 王立新：《洛杉矶产业转型对深圳建设国际化城市的启示》，《开放导报》2007 年第 6 期。

［13］ 辛章平：《国际化城市理论的基本要义——兼论我国国际化城市的建设》，《城市问题》1996 年第 3 期。

［14］ 熊世伟：《国际化城市的界定及上海的定位》，《现代城市研究》2001 年第 4 期。

［15］ 余丹林、魏也华：《国际城市、国际城市区域以及国际化城市研究》，《国外城市规划》2003 年第 1 期。

［16］ 叶南客、李程骅、周蜀秦：《基于“大事件”驱动的城市国际化战略研究》，《南京社会科学》2011 年第 10 期。

［17］ 杨建军等：《世界级城市群发展特征与规划动向探析》，《上海城市规划》2014 年第 1 期。

［18］ 张良卫、李新、黎柱婷：《粤港澳合作建设世界级城市群的发展策略分析》，《广州大学学报》（社会科学版）2013 年第 1 期。

［19］ 赵小娜：《国际化城市初探》，《东北亚论坛》1995 年第 3 期。

［20］ 上海财经大学自由贸易区研究院编著《赢在自贸区——寻找改革红利时代的财富与机遇》，北京大学出版社，2014。

［21］ 上海财经大学自由贸易区研究院、上海发展研究院编《全球自贸区发展研究及借鉴》，格致出版社、上海人民出版社，2015。

［22］ 汤丽霞、海闻主编《深圳国际化城市建设比较研究报告》，中

国发展出版社，2014。

[23] 祝尔娟等：《提升天津滨海新区国际化水平研究》，社会科学文献出版社，2015。

[24] 朱名宏主编《广州城市国际化发展报告（2015）》，社会科学文献出版社，2015。

[25] 商小虎：《我国装备制造业技术创新模式研究》，上海社会科学院博士学位论文，2013。

[26] 吴建新：《先进制造业在国家级区域规划中的定位及发展——以天津滨海新区为例》，《经济与管理》2011 年第 4 期。

[27] 文春晖、孙良顺、胡植菘：《需求疲软、成本上升双重约束下的制造业发展战略研究——兼论中国先进制造业的发展》，《重庆大学学报》（社会科学版）2014 年第 2 期。

[28] 吉亚辉、程斌：《生产性服务业与先进制造业的互动与融合——基于甘肃省投入产出表的实证分析》，《西安财经学院学报》2014 年第 1 期。

[29] 刘振：《促进企业自主创新的动力因素及其路径关系研究》，《中国科技论坛》2013 年第 1 期。

[30] 王宏起、孙继红、李玥：《战略性新兴企业自主创新的税收政策有效性评价研究》，《中国科技论坛》2013 年第 6 期。

[31] 崔岩、仇继平：《中日装备制造业发展与政策推动》，《日本研究》2010 年第 2 期。

[32] 丁明磊、陈志：《美国建设国家制造业创新网络的启示及建议》，《科学管理研究》2014 年第 5 期。

[33] 张益丰、黎美玲：《先进制造业与生产性服务业双重集聚研究》，《广东商学院学报》2011 年第 2 期。

[34] 丁纯、李君扬：《德国"工业 4.0"：内容、动因与前景及其启示》，《德国研究》2014 年第 4 期。

［35］ 黄阳华：《德国"工业 4.0"计划及其对我国产业创新的启示》，《经济社会体制比较》2015 年第 2 期。

［36］ 黄顺魁：《制造业转型升级：德国"工业 4.0"的启示》，《学习与实践》2015 年第 1 期。

［37］ 杜传忠、杨志坤：《德国工业 4.0 战略对中国制造业转型升级的借鉴》，《经济与管理研究》2015 年第 7 期。

［38］ 裴长洪、于燕：《德国"工业 4.0"与中德制造业合作新发展》，《财经问题研究》2014 年第 10 期。

［39］ 王德显、王跃生：《美德先进制造业发展战略运行机制及其启示》，《中州学刊》2016 年第 2 期。

［40］ 赵玉林、汪美辰：《产业融合、产业集聚与区域产业竞争优势提升——基于湖北省先进制造业产业数据的实证分析》，《科技进步与对策》2016 年第 3 期。

［41］ 胡晓鹏：《价值系统的模块化与价值转移》，《中国工业经济》2004 年第 11 期。

［42］ 陈柳钦：《论产业价值链》，《兰州商学院学报》2007 年第 4 期。

［43］ 李想、芮明杰：《模块化分工条件下的网络状产业链研究综述》，《外国经济与管理》2008 年第 8 期。

［44］ 胡志武：《网络组织条件下产业链的特征及运行机理研究》，广东商学院硕士学位论文，2010。

［45］ 魏然：《产业链的理论渊源与研究现状综述》，《技术经济与管理研究》2010 年第 6 期。

［46］ 李晓华：《产业组织的垂直解体与网络化》，《中国工业经济》2005 年第 7 期。

［47］ 程李梅、庄晋财、李楚、陈聪：《产业链空间演化与西部承接产业转移的"陷阱"突破》，《中国工业经济》2013 年第 8 期。

［48］ 罗文：《从战略上推动我国先进制造业发展》，《求是》2014 年

第 10 期。

［49］曹东坡、于诚、徐保昌：《高端服务业与先进制造业的协同机制与实证分析——基于长三角地区的研究》，《经济与管理研究》2014 年第 3 期。

［50］王晓红：《促进制造业与服务业深度融合》，《经济日报》2014 年 7 月 24 日。

［51］赵燕华、李文忠、申光龙：《天津：海洋文化产业战略体系构建》，《开放导报》2016 年第 4 期。

［52］李秋乐、马振龙：《关于天津文化创意产业发展的调研及思考》，《艺术与设计（理论）》2016 年第 2 期。

［53］天津市文化体制改革工作领导小组办公室：《加快天津文化产业发展的研究报告》，《求知》2011 年第 4 期。

［54］万希平：《建设天津文化强市的时代解读——深入学习贯彻天津市第十次党代会精神》，《求知》2012 年第 9 期。

［55］赵宏：《天津文化产业核心竞争力研究》，《华中师范大学学报》（人文社会科学版）2012 年第 2 期。

［56］赵万明：《借鉴美国经验，加速天津文化产业大发展》，《未来与发展》2012 年第 11 期。

［57］贾立政：《习近平文化战略思想》，《人民论坛》2014 年第 8 期。

［58］罗永泰、王连成：《天津文化产业资源整合研究》，《城市》2012 年第 1 期。

［59］曲妍：《文化产业集聚效应的城市体现——兼论天津文化产业的集聚发展》，《生产力研究》2013 年第 1 期。

［60］艾翔：《天津创意文化发展对策研究》，《中国商论》2016 年第 9 期。

［61］王秋原：《中国文化产业成长的新特点：爆发式——以深圳文化产业发展为例》，《剧作家》2014 年第 1 期。

[62] 李亚薇：《上海与北京文化创意产业发展模式比较》，《商业时代》2013 年第 7 期。

[63] 郭鹏、文晓阁：《天津文化产业发展模式探讨》，《长春理工大学学报》（社会科学版）2013 年第 8 期。

[64] 高峰：《天津文化产业发展现状及对策建议》，《环渤海经济瞭望》2012 年第 10 期。

[65] 钟龙彪：《天津文化产业人才队伍建设的现状分析与对策思考》，《求知》2013 年第 7 期。

[66] 孙文涛、陶红莉：《天津文化创意产业发展现状与趋势》，《艺术与设计》2014 年第 9 期。

[67] 程广云：《应对全球化的跨文化战略思考》，《天津社会科学》2011 年第 4 期。

[68] 胡键：《中国文化软实力评估与增进策略：一项国际比较的研究》，《中国浦东干部学院学报》2014 年第 2 期。

[69] 王丽：《我国文化创意产业品牌化发展的战略依据探析》，《社科纵横》2011 年第 6 期。

[70] 陈林侠：《国家文化战略、文化产业与国家形象构建》，《南京社会科学》2013 年第 11 期。

[71] 吴金希：《创新文化：国际比较与启示意义》，《清华大学学报》（哲学社会科学版）2012 年第 5 期。

[72] 彭泽洲：《略论和谐文化战略的五个要点》，《中国党政干部论坛》2012 年第 2 期。

[73] 北京市统计局、国家统计局北京调查总队：《北京市 2015 年暨"十二五"时期国民经济和社会发展统计公报》。

[74] 天津市统计局、国家统计局天津调查总队：《天津市 2015 年国民经济和社会发展统计公报》。

[75] 河北省统计局、国家统计局河北调查总队：《河北省 2015 年国

民经济和社会发展统计公报》。

[76] 石家庄市统计局、国家统计局石家庄调查总队：《石家庄市2015 年国民经济和社会发展统计公报》。

[77] 承德市统计局、国家统计局承德调查总队：《承德市 2015 年国民经济和社会发展统计公报》。

[78] 张家口市统计局、国家统计局张家口调查总队：《张家口市2015 年国民经济和社会发展统计公报》。

[79] 秦皇岛市统计局、国家统计局秦皇岛调查总队：《秦皇岛市2015 年国民经济和社会发展统计公报》。

[80] 廊坊市统计局、国家统计局廊坊调查总队：《廊坊市 2015 年国民经济和社会发展统计公报》。

[81] 唐山市统计局、国家统计局唐山调查总队：《唐山市 2015 年国民经济和社会发展统计公报》。

[82] 沧州市统计局、国家统计局沧州调查总队：《沧州市 2015 年国民经济和社会发展统计公报》。

[83] 衡水市统计局、国家统计局衡水调查总队：《衡水市 2015 年国民经济和社会发展统计公报》。

[84] 邢台市统计局、国家统计局邢台调查总队：《邢台市 2015 年国民经济和社会发展统计公报》。

[85] 邯郸市统计局、国家统计局邯郸调查总队：《邯郸市 2015 年国民经济和社会发展统计公报》。

[86] 《2016 年北京市政府工作报告》。

[87] 《2016 年天津市政府工作报告》。

[88] 《2016 年河北省政府工作报告》。

[89] 《2016 年石家庄市政府工作报告》。

[90] 《2016 年承德市政府工作报告》。

[91] 《2016 年张家口市政府工作报告》。

［92］《2016 年秦皇岛市政府工作报告》。

［93］《2016 年廊坊市政府工作报告》。

［94］《2016 年保定市政府工作报告》。

［95］《2016 年唐山市政府工作报告》。

［96］《2016 年沧州市政府工作报告》。

［97］《2016 年衡水市政府工作报告》。

［98］《2016 年邢台市政府工作报告》。

［99］《2016 年邯郸市政府工作报告》。

［100］ 工业和信息化部，北京市、天津市、河北省人民政府联合发布：《京津冀产业转移指南》，2016 年 6 月 29 日。

后 记

　　京津冀及城市群发展研究中心智库报告是天津社会科学院京津冀及城市群发展研究中心科研人员集体智慧的结晶。本书第一章著者为王双副研究员，第二章著者为石森昌研究员，第三章著者为牛桂敏研究员，第四章著者为陈滢副研究员，第五章著者为孙德升副研究员，第六章著者为许爱萍副研究员，第七章著者为王丽博士。全书由王立国研究员负责总筹划，蔡玉胜研究员负责总编撰。本书的出版得到天津社会科学院的大力支持。由于水平有限，时间仓促，错误和遗漏之处在所难免，恳请大家谅解。

编著者

2017 年 9 月

图书在版编目（CIP）数据

世界级城市群视阈下的天津发展／王立国，蔡玉胜
编 . －－北京：社会科学文献出版社，2017.9
ISBN 978 - 7 - 5201 - 1137 - 9

Ⅰ. ①世… Ⅱ. ①王… ②蔡… Ⅲ. ①区域经济发展
－协调发展－研究－天津 Ⅳ. ①F127. 21

中国版本图书馆 CIP 数据核字（2017）第 175977 号

世界级城市群视阈下的天津发展

编 者／王立国 蔡玉胜

出 版 人／谢寿光
项目统筹／邓泳红 桂 芳
责任编辑／薛铭洁

出 版／社会科学文献出版社·皮书出版分社 （010）59367127
地址：北京市北三环中路甲 29 号院华龙大厦 邮编：100029
网址：www. ssap. com. cn
发 行／市场营销中心（010）59367081 59367018
印 装／三河市东方印刷有限公司

规 格／开 本：787mm × 1092mm 1/16
印 张：15 字 数：201 千字
版 次／2017 年 9 月第 1 版 2017 年 9 月第 1 次印刷
书 号／ISBN 978 - 7 - 5201 - 1137 - 9
定 价／79. 00 元